1 WurstDurst
2 Fortezza-Bar
3 Chocolat
4 Tante-Emma-Laden
5 Buchbinderei Ringer
6 Kloster-Bar
7 Vetrina Toscana
8 Bar Mata Hari
9 Glasatelier
10 Blumenladen
11 Essigbrätlein
12 Kräutergarten
13 Tiergärtnertorplatz

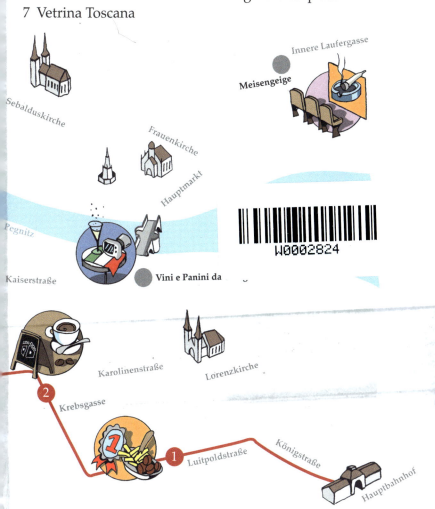

Nürnberg

Satirisches Handgepäck
von Bernd Regenauer

Michael Müller Verlag

Inhalt

Der Autor 4

Vorwort 6

Die Schdadd 8

Glasschermväddl Gostenhof 16

BAGGWAHN 28

Der Frankenschnellweg 32

Fränkischer Pessimismus 36

Des Reiches Schatzkästlein 38

Südstadt-Mysterien 42

Lichtenreuth 52

Reichsparteitagsgelände 54

Nürnberger Rostbratwurstmanifest 60

Der Glubb – im Bann der Legende 62

Nürnberg und seine Promis 66

Nei ins Gwerch ... Innenstadt	70
Die Pegnitz	84
Heimatministerium	86
Is Bier	92
Platz da! Geplatzte Chancen	96
Im Wäzzhaus	106
Nordstadt	112
Fränkisches Schäufele mit Kloß	122
Drumrum	126
Glossar	140
Der Herausgeber	149
Der Fotograf	150
Danksagung	150
Fotonachweis	153
Impressum	159

Der Autor

Bernd Regenauer

Hallo.
Ich bin Autor, Kabarettist und Schauspieler. Und ich lebe seit nun bald 60 Jahren in oder bei der Stadt, die ich beschreibe und der meine Liebe gilt. Natürlich gibt es viel anderes Schönes, das erlebe ich auf meinen Tourneen immer wieder, zum Glück. Sei es Köln, Hamburg, Regensburg oder Leipzig. Immer wieder jedoch freue ich mich, zurückzukehren in diesen Hort der Unentschlossenheit, des verbindlichen Mal-Sehens oder des unverbindlichen Imperativs, den eine Stadt ausstrahlt, die nicht so ganz einer Großmetropole entspricht, aber dennoch längst dem Provinziellen entwachsen ist.

Nürnberg ist ein größeres Dazwischen. Und das liebe ich an dieser Stadt. Die Übersichtlichkeit. Wer weg sein will, ist schnell weg. Und wer reinwill, ist schnell drin. Und wer nicht weiß, was er will, ist herzlich willkommen, denn viele Stadtbewohner wissen es auch nicht.

Ich bin überzeugter Franke, Clubfan, esse pflichtbewusst Bratwürste, zumindest hin und wieder, spiele Schafkopf, bin bewegungsarm und lege frühmorgens vorsorglich mein Gesicht in Falten, um dem herannahenden Desaster die zerfurchte Stirn zu bieten. Für einen gebürtigen Münchner ist das Assimilation in Reinform. Als Erfinder, Autor und Sprecher der »Metzgerei

Boggnsagg« und als Autor und Darsteller der Kultfigur »Nützel« habe ich fränkische Archetypen geschaffen, die selten über den Tellerrand hinausblicken, weil für sie schon der Teller eine endlose Fläche darstellt. Anscheinend freut das mein Publikum, denn es lacht. Ich lache mit, denn ich bekomme dafür Geld und Preise. Win-win nennt sich das. Und so kann es, wenn es nach mir geht, auch bleiben.

Vorwort

Die Frage war: Wer liest dieses Buch? Beziehungsweise wer kauft es, um es zu verschenken? Und wer liest es dann? Die Franken zum Beispiel kaufen sich ja gerne Franken-Lektüre. Nicht, um sie dann zu genießen, sondern um inhaltliche Fehler zu finden. Oder in ihren Augen Fehlendes. Und da werden sie – und sicher alle Nichtfranken auch – mit diesem Buch hier große Freude haben, denn es ist mutwillig andersch, reschbeggdlos und subbjeggdief. Die Franken sind ein spezielles Völkchen. Östlich von Nürnberg entdeckte ich an einer Baustelle ein Dixiklo mit dem Werbeaufdruck: »Ihr Geschäft ist unser täglich Brot«. War es gewollter Witz, ist er richtig gut. War es unbeabsichtigte Komik, ist sie großartig. So oder so gibt der Spruch ein Stück fränkische Seele preis: die Bereitschaft, sich mit Unausweichlichem zu arrangieren.

Mehr als zwei Jahrhunderte unter der bayerischen Zwangsherrschaft dahinleidend, ist das für den Franken der Königsweg. Er gefällt sich in der Rolle des ewigen Zweiten oder Dritten. Im Fußball reicht es noch für deutlich weiter hinten. Was ja alles nicht unklug ist. Vom sechsten auf den siebten Platz zu rutschen ist weit weniger tragisch, als eine generell beanspruchte Führungsposition zu verlieren.

Bei Bayern München führt ein Unentschieden zu Krisensitzungen, der »Glubberer« ist mit einem solchen Ergebnis oft mehr als zufrieden. Wer von beiden ist da nun in der wirklich besseren Position?

Laut einer bundesweiten Umfrage sind wir Franken das fünftglücklichste Volk in Deutschland. Gut, wir zeigen es keinem. Aber wir sind es, ob es uns passt oder nicht. Meinetwegen sind wir maulfaule Dödel, aber da steckt wenigstens Leidenschaft dahinter. Wir haben eine kürzere Lebenserwartung als die Münchner, aber wir erwarten auch nichts vom Leben. Wir sind eigen. Wir verweigerten dem Weltklasse-Architekten Helmut Jahn für seinen Weltklasse-Entwurf zur Bebauung des Augustinerhofs am Hauptmarkt den Nürnberger Kulturpreis, weil der Mann aus Zirndorf stammt. Ja und? Wir kommen mit uns zurecht, das ist die Hauptsache. Und unseren Dialekt findet man wahlweise witzig, sympathisch, ordinär, primitiv, komisch, authentisch oder man versteht ihn schlicht nicht. Auch damit lässt sich leben.

Die Schdadd

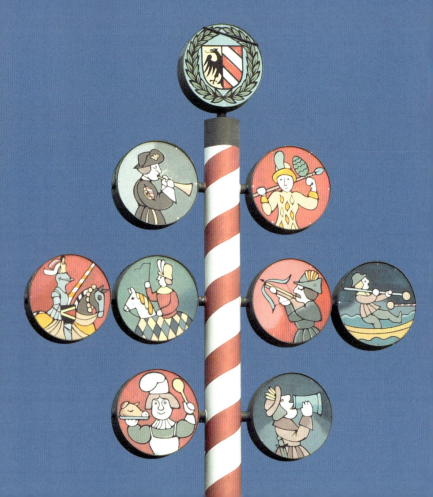

Nürnberg in Zahlen zu gießen ist leicht: knapp 1000 Jahre alt, rund 515.000 Einwohner auf 186 Quadratkilometer, davon rund 35 Prozent alteingesessene Franken. Jährlich werden 47 Hektar Boden versiegelt, 20.000 Neubürger werden es nach Schätzung bis 2030, hinzu kommen außerdem 1 Staatstheater, 2 Volksfeste jährlich nebst 1 Volksfestkönigin, 1 Altstadtfest, drittgrößter Fernsehturm Deutschlands, sechstgrößtes Museum der Welt, alle 2 Jahre ein Menschenrechtspreis, 1 Rassengesetz und derzeit 2 Neonazis im Stadtrat.

Nürnberg liegt im Städte-Ranking ganz vorne, viel Lebensqualität – im globalen Vergleich stellt nur Ottawa die Metropole in den Schatten. Kriminalstatistisch eine der sichersten Städte Deutschlands, bisher keine nennenswerten Terroranschläge, einzig regelmäßige Bombenfunde aus dem Zweiten Weltkrieg trüben das Einerlei des Daseins. Dennoch bestand die Stadt in den Köpfen der Nicht-Nürnberger lange Zeit allein aus Bratwurst, Lebkuchen, Christkindlesmarkt, einem belächelten Dialekt und Punkt. Der Nürnberger selbst hat diese Außenansicht indirekt fürsorglich gepflegt, nämlich indem er sie ignoriert hat. Es gibt eine Tafel, darauf steht: »Ich ignoriere dich so sehr, dass du an deiner Existenz zweifelst.« Damit war der Eigenanspruch definiert.

Die Münchner hingegen durften ihr Königreich gründen. Die Wittelsbacher haben dann auf ganzer Linie gewonnen, Nürnberg seinen Reichsstatus mit allem Gedöns verloren und dank seiner Verschuldung 1806 auch unzählige Kunstschätze. Das tut bis heute einerseits weh, generiert andererseits auch die Möglichkeit ewiger Schuldzuweisung, weil Nürnberg es natürlich anders verdient gehabt hätte. Es war ja die Stadt des Humanismus. Vielleicht schon wegen der hohen Gaststättendichte, die deutlich höher als in München war und den Franken nicht zu nehmen. Gastronomie ließ sich schlecht wegschaffen gen Süden. Und da konnte man dann gut sitzen und über das Gute debattieren. Um den »wahrhaft mündigen, sich zutiefst verantwortlich sehenden Bürger« ging es da, also kein läppischer Schnickschnack wie Wetter oder Next Topmodel. Da saßen dann all die Humanisten herum, Albrecht Dürer und Pirckheimer und andere Quergeister, im Wirtshaus oder im Pfarrhof von St. Sebald. Da soffen sie gewaltig und besprachen die Welt bei guter Ausgangslage. Nürnberg war die erste freie Reichsstadt.

Sie hat sich früh zu Luther bekannt, und der sagte, Nürnberg sei quasi das Zentrum Europas. Diese Rebellenhochburg besaß damals die berühmteste Druckerei und die größte Papiermühle Deutschlands. Das wusste Luther zu schätzen. Ohne das ganze Equipment wäre die Reformation für ihn schwierig geworden, wenn nicht gar unmöglich. Und Nürnberg war beim Umsturz fröhlich dabei, hat die Leute hochkant aus dem Kloster geschmissen, enteignet und gesagt: Wir machen Reformation! Und dann noch zeitgleich dem Kaiser erklärt: Wir sind kaisertreu! Das muss man erst mal schaffen, das ist fränkisches Diplomatengeschick. Das ist Nürnberg.

Nürnberg war nach Köln die zweitgrößte Stadt des Heiligen Römischen Reiches und hatte 50.000 Einwohner. Nürnberger haben den Fingerhut erfunden, die Taschenuhr, das Schwert mit Doppelklinge, das Tretauto, die Klarinette und womöglich sogar die Frakturschrift. Die erste deutschsprachige Oper kommt dank

Harsdörffer von hier, auch wenn sie heute keine Sau mehr hören möchte. Wir hatten hier die erste Stadtbibliothek im Heiligen Römischen Reich und die erste Buchhandlung Europas. Wir lieferten bis China Instrumente, versorgten ganz England mit Posaunen. Wir waren Zentrum des Notendrucks, Johann Sebastian Bach war oft Gast bei uns und Pachelbel komponierte sich den Wolf. Herr Martin Behaim mühte sich zuvor mit einem Erdapfel ab, der heute als ältester noch erhaltener Globus im Museum zu bestaunen ist, Peter Vischer (derzeit Rochusfriedhof) schuf ein gigantisches Sebaldusgrab, Adam Kraft und Veit Stoß (derzeit Johannisfriedhof) klopften und hämmerten gigantische Werke.

Wir hatten im Rathaus den größten profanen Saal nördlich der Alpen, da wurde die Goldene Bulle verabschiedet, das Grundgesetz des Heiligen Römischen Reiches. Später dann, 1835, rumpelte die erste deutsche Eisenbahn von Nürnberg nach Fürth. Ein Missverständnis, da bis heute kein Nürnberger ohne zwingenden Grund nach Fürth möchte.

> Hallo, Sie Moo, is däss die Schdrasserboh aff Fädd noo?
>
> Naa, naa, goude Fraa, däi fährd aff Ziecherlaschdaa.

Heute ist Nürnberg Stadt der Menschenrechte, ist Messestadt und hat neben Spielwarenmesse, BioFach und anderen mit der IWA die bedeutendste Waffenmesse der Welt. Und in der Noricus-Wohnanlage am Wöhrder See, diesem 22-stöckigen Hochhauskomplex, von dem sich früher in treuer Regelmäßigkeit Menschen herabstürzten, da können Sie bei Schlechtwetter die größte private Tiefgaragenanlage Deutschlands besichtigen. Und garantiert fehlen hier noch Dutzende Beispiele, die dafür gesorgt haben, dass Nürnberg von einer Stadt zu einer Metropolregion wurde. Und es sind triftige Gründe für den Nürnberger, stolz zu sein. Was er auch ist, indem er sagt: »Nerja, is bassd scho alles... ircherzwäih.«

Wie jede Stadt hat auch Nürnberg unterschiedliche Gewichtungen. Der Osten gilt als stabile Gegend mit meist stabilen Geldbeuteln und reichlich FDP-Wählerschaft. Im Südwesten dagegen knirscht es. Eine Stadt zu bewerten, kann deshalb nur subjektiv sein. Es hängt von der eigenen individuellen Lebensqualität ab. Es ist nun mal ein Unterschied, ob ich Schönheitschirurg in Erlenstegen bin oder Hartz-4-Empfänger in Schweinau. Das gilt für jede andere Stadt in Deutschland genauso. Vielleicht mit dem Unterschied, dass in Nürnberg auch der Chirurg missmutig dreinblickt.

Wir haben hier den nörgelnden Missmut zur Kultur erhoben. In Nürnberg gab es Phasen permanenten Gejammers. Völlig zu Recht. Ende der 80er bis in die 90er waren die Jahre einer sich auseinanderdividierenden Kulturlandschaft einhergehend mit dem Zerbröseln linker Initiativen, Kulturläden, Galerien und Kleinkunstangeboten. Die Folgen der Privatisierung des Individuums

Wohnen

auf der einen Seite, die Hochsubventionierung der Vorzeigekultur mit Städtischen Bühnen und Großveranstaltungen auf der anderen. Es entstand hier ein Vakuum, das keine Klammer mehr bot für Vielfalt und Divergenz. Die Stadt lag versunken in einem Meer aus Antriebsschwäche, Zauderei und Stillstand. Man lebte hier, weil man halt hier lebte. Gepaart mit fränkischer Lustlosigkeit führte das zu komplexbeladenen Neurosen. Ewig währte der neidische Blick auf München. München mit seiner Staatsregierung, mit seinem Pomp und Glamour war an allem schuld. Was die finanzielle Förderung der fränkischen Metropolregion anbelangt, stimmte das sogar. Die bayerische Politik hat nachweisbar Oberbayern den Vorzug gegeben. Gelder flossen, wenn überhaupt, mehr aus Mitleid nach Franken. Und das auch nur vor anstehenden Wahlen.

Doch die Dinge haben sich geändert. Seit Jahren haben wir da einen quicklebendigen Oberbürgermeister, an dem sich der

Schöner Wohnen

politische Gegner die Zähne ausbeißt. Ulrich Maly ist ein Mensch, der gerne kocht und gut isst, nebenbei brillante Reden zu allen Themen hält und bei der jährlichen Verleihung des Deutschen Kabarettpreises in der Tafelhalle launige Grußworte und State-

Die Burg zwischen Fachwerk

ments über die Rampe schickt, die manchen Kabarettauftritt danach alt aussehen lassen. Nicht nur dank ihm hat sich die Stadt gewandelt. Auch die junge Generation ist aus dem Schatten der selbstverschuldeten Unmündigkeit herausgetreten. Sie wollte was verändern. Coole Clubs legten los, vom gehypten Berlin frustrierte, ernüchterte Künstler kamen in die Metropole zurück, weil sie merkten, hier geht noch was, was in übersättigten Räumen nicht mehr möglich ist. Darunter waren nicht wenige, die ehemals in dem herrlichen Gebäude der völlig unterbewerteten Akademie der Bildenden Künste ihr Handwerk gelernt hatten. Ateliers öffneten, viel Privatinitiative auf vielen Ebenen. So machte sich beispielsweise in der Stadt eine ungeheure Kaffeekultur breit mit sagenhaften Röstereien. Brache Firmenstandorte wie AEG und Quelle boten und bieten Raum für Kunst und Kultur, oft nur zur Zwischennutzung, aber es passiert was. Das herrliche Volksbad, ein Jugendstil-Prachtbau am Plärrer, wird nach vielen Jahren der Trockenheit wieder aktiviert, ein Segen für Schüler, gibt es doch im Westen der Stadt kein einziges öffentliches Schwimmbecken. München spendet Nürnberg einen Konzertsaal für 1500 Besucher, auf dem Augustinerhof-Gelände im Herzen der Stadt steht ab 2019 eine naturwissenschaftliche Zweigstelle des Deutschen Museums – und, vor 15 Jahren noch undenkbar: die Stadt bewirbt sich zur europäischen Kulturhauptstadt 2025! Wenn das mal nichts ist.

Nürnberg ist auch in Sachen Sozialhygiene auf seine Art nicht untätig. Lag zu Zeiten des legendären Kulturreferenten Hermann Glaser in den 70ern das Hauptaugenmerk noch auf lebendiger Soziokultur, so werden heute Event-Designer auf den Plan gerufen, deren Erfolge vor allem in Besucherrekorden gemessen werden. Blaue Nacht, Silvestival, Bardentreffen, Klassik-Open-Air, Orgelwochen mit ohne Orgeln und so weiter. Es scheint, als brauche der Stadtinsasse zuweilen den rot angestrichenen Besenstiel, sonst irrt er ziellos umher oder bleibt gleich daheim. Er braucht den Ort, wo möglichst viele andere sind, damit keine inneren Zweifel aufkommen, gepaart mit dem Gefühl, etwas verpasst zu haben, wenn man da nicht war, wo doch alle anderen da waren. All dieses städtische Getue ist auch nicht zwingend schlecht, es macht manches Mal sogar richtig Spaß, was da geschieht, jedoch die Lebendigkeit und Vielfalt einer Stadt lebt durchs Jahr hindurch natürlich von etwas anderem: vom alltäglichen Besonderen. Und zum Glück gibt es das ja auch, und inzwischen nicht zu knapp.

Dieses Kapitel
gelesen von Bernd Regenauer

Der Mensch denkt praxisorientiert und beugt sich der Notwendigkeit. Pendler nehmen absurde Strecken in Kauf. Das Auto wird zur Wohnhöhle. Von dumpfen Radiomoderatoren eingehüllt in einen Kokon medialer Beliebigkeit dösen sie sich mit Sitzheizung durch die Staus. Diese tagtägliche Zumutung ist in den Köpfen längst eine zu stumpfer Unausweichlichkeit geronnene Realität geworden.

Frage ich Person X, was für sie die Qualität des Wohnorts ausmacht, kommt reflexhaft: Ich bin ruckzuck auf der Autobahn, in 25 Minuten am Flughafen, in zehn Minuten im Pegnitzgrund, von da aus kann ich bis Prag oder bis an den Atlantik, die Welt steht offen. Wohnqualität bezieht in den heutigen Köpfen immer die Grundfrage mit ein: Wie schnell komme ich von da weg, wo ich gerade bin? Wie schaut es aus mit Anschlüssen an Autobahn, an Bahn und Bus? Und die Antwort: »schnell, sehr schnell«, dient dann als Begründung für die absurd hohen Immobilienpreise.

Doch an guten Orten müsste es eigentlich umgekehrt heißen: Welch glückliche Umstände hindern mich, fälschlicherweise zu gehen? Aber solches Denken siedelt sich heutzutage offensichtlich nur noch in komplett unbenutzten Nischen der Philosophie an. Jedoch, einen solchen Ort gibt es hier tatsächlich. Das Soho von Nürnberg, Gostenhof, Insider nennen es auch Goho. Glückliche Umstände hindern hier daran, wieder gehen zu wollen. Wer den wohl besten Döner der Stadt sucht, findet ihn nämlich in Gostenhof. Somit schon mal ein guter Ort. Der Spieß wird am Vorabend noch per Hand mariniert, und ist der am nächsten Tag alle, ist mit Döner Ende. Ein Stück weiter ne Bäckerei, die machen die besten Bamberger Hörnchen, versprochen. Früh um vier Uhr kehren da die Nachtschwärmer ein, mit dem dringenden Bedürfnis, den Magen halbwegs zu stabilisieren. Um 7 Uhr 30 sind dann die Bamberger oft alle, erst nachmittags gibt's Nachschub. Es sind schmale Zeitfenster, auf die sich die Einwohner längst eingestellt haben. Der Stadtteil lebt von Improvisation, das Unperfekte ist hier Programm. Aber das haben sie perfekt im Griff: Leben und leben lassen auf Fränkisch, und das mit starker multikultureller Einfärbung. Wenn viele Ausländer auf Ausländer treffen, ist der Ausländer in gewisser Weise Inländer im Ausland und der Franke Ausländer im Inland, und dann ist es irgendwann einfach allen wurscht. Und dann funktioniert es auch. Schon wegen ernährungstechnischer Vorteile.

Wo und wie sonst bekommt man um 22 Uhr noch ne Milch, Weißbrot und Fladen? Inder, Türken, Griechen, Italiener – hier lernt der Mensch das Kochen – oder zumindest das vielfältige Essen. Oder beides. Der Stadtteil ist eine Melange, die dafür sorgt, dass es ständig irgendwie laut ist. Vielleicht zu laut. Aber es ist ein lebendiges Laut. Manchen ist das alles zu viel, zu unübersichtlich, aber die sind da schlicht fehl am Platz. Es gibt so Viertel in der Stadt, da putzt die christliche Partei nix, da haben politische Statiker keine Heimat, die laufen da unter gelebtem Schwund. Gostenhof ist zweifelsfrei eines davon.

Das Glasschermväddl (Glasscherbenviertel für die Nicht-Franken), so genannt, weil es halt nicht den üblichen Kriterien in Sachen Zustand entsprach. Oder entspricht. Den Vertretern der sogenannten bürgerlichen Mitte hilft da vermutlich nur abwarten, bis über Komplettsanierungen und entsprechender Preisgestaltung die Klientel vor Ort zu ihren Gunsten wechselt. Absurderweise sind das die Sorte Menschen, die im Urlaub ins verarmte Griechenland oder Portugal reisen, sich da 5-Sterne-mäßig einnisten und dann abends durch die Gassen schlendern und dort mit digitalem Hightech den idyllischen Verfall fotografieren, als schwärmerisches Sinnbild des Charmant-Unperfekten, garniert mit Sätzen wie: »Bin ich froh, dass däss nunni kabudd sanierd is!

»Lehm un lehm loun«

Eichendli a Glügg, dass die doufür ka Geld homm!« Daheim dann wieder glattwandige Sterilität mit sauber sortiertem Barschrank. Aber das kann in Gostenhof dauern. Bis dahin ist es erst mal, wie es ist. Eine identitätsstiftende Gegend. Gostenhof ist fast mitten in Nürnberg. Aber ein Gostenhofer fühlt sich als Gostenhofer. Er sagt: »Ich gäih in die Schdadd«, wenn er den halben Kilometer zur Lorenzkirche pilgert.

Ich bin, was Gostenhof angeht, sehr geprägt. Das Gostner Hoftheater hat mir damals meine ersten Auftritte ermöglicht, damals, als ich noch ein unbekannter, ungehobelter Liedermacher war. Mit Glück brachte ich es da mal auf 50 Zuschauer, was egal war, das Theater hat eh nur 80 Plätze. Ein wunderschönes Haus mit Hinterhof, viel Efeu, Flair und einem grandiosen Betreiberteam. Und es war stets ein politischer Ort. Wie oft saß ich da nach einer mehr oder weniger gelungenen Vorstellung am Tresen, hab mit dort an-

Zugewuchert ohne Wucherpreise, das Gostner Hoftheater

sässigen Freunden diskutiert, gegen die Pershing-Stationierungen, gegen Wackersdorf und gegen Franz-Josef Strauß. Man war sich einig, und es waren Nächte voller Leidenschaft, voller Wein und Bier... und kraftvoller Emotionen. Gostenhof war einer der Orte, von denen man als trotziger Utopist dachte: Von hier aus verändern wir die Welt, von hier aus wird alles entschieden! Und zwar jetzt und sofort. Tags drauf war man dann mit seinem gewaltigen Kater beschäftigt und die Weltrevolution wurde demzufolge erst mal verschoben. Der flüssige Begleitservice zur Weltverbesserung forderte seinen Tribut. Inzwischen liegen einige ganz Revolutionäre ganz unspektakulär unter der Erde. Die Revolution fraß ihre Kinder beziehungsweise deren Leber. Vorbei. Das Erbe misst sich alleine in den Wahlergebnissen dieses Stadtteils, und die sind für die Etablierten nach wie vor desaströs. Und das lässt mich in stolzer Erinnerung schmunzeln. Mag sein, das alles ist längst Anachronismus – aber in dem Viertel eben noch nicht so ganz. Noch immer gibt es da Orte, die nicht dem Mainstream verfallen sind, nonkonforme Stätten zwischen Nostalgie und glatter Eleganz, mit Unangepassten, mit schrägen Vögeln und Spinnern, Orte, wo man zumindest denkt, wenn überhaupt noch was passiert, dann irgendwo hier in der Nähe. Gostenhof hat noch was Unberechenbares. Seltsames wird hier weggeschmunzelt, Störendes ignoriert und das, was anstrengt, im ungünstigsten Fall diskutiert.

> Däss is däss Haus vom Meiers Gerchla,
> däss stäihd in Gostenhuuf.
> Is waggld un es zidderd,
> es hodd an schlechden Ruuf.

Und an warmen Sommertagen qualmt da auch mal zum Schrecken der Vegetarier die Straße, wenn ein Wirt seinen Ochsenbrater auf die Straße stellt mit einem Hammel am Spieß. Und dann wird es wieder laut in Gostenhof, dann hallt fröhliches, unsinniges Geschrei, und da schiebt sich dann kein Blockwart ins Rampenlicht, um dem Treiben Einhalt zu gebieten. Wozu auch, er wäre chancenlos. Und der städtische Ordnungshüter, wenn er denn auftaucht, kriegt ein Stück geschächtetes Fleisch ab, und damit herrscht Ruhe im Lärm. Es geht bunt zu. Selbsthilfevereine, bei denen man sich fragt, wie und wofür ihre Hilfe gedacht ist. Irgendwo dazwischen die Moschee, ein MLPD-Schild, ein geflochtener Judenstern an der Fassade, Graffiti, Aufkleber mit »Alles ist immer genau anders wie umgekehrt« oder so…

Ein Drechsler im Hinterhof steht in seiner winzigen Werkstatt, knöcheltief im Sägemehl versunken, um sich herum deckenhoch kunstvoll Gespindeltes. Der erste Kurzschlussfunke wäre sein letzter, es sei denn, er springt reaktionsschnell aus dem Fenster. Aber den gab es bisher nicht. Drum drechselt er weiter und empfängt gerne auch Besucher. Wie ein Relikt aus vergilbter Zeit. Und keine Ahnung, wer das alles kaufen soll. Auch das ist Gostenhof.

Juden durften bis weit ins 19. Jahrhundert hinein in der Innenstadt nicht übernachten, wenn sie Geschäfte betrieben. Gostenhof war das einzige Viertel, in das sie ziehen konnten. Mit ihnen kamen Handelnde aus den unterschiedlichsten Gegenden, der Grundstock für Vielfalt war gelegt. Etliche Gasthäuser mit Schlafmöglichkeit machten sich breit. Alles war relativ billig. Es kam zu einer enormen Wohnraumverdichtung mit Spitzenwerten von

Meister Grottenthaler

14.000 Menschen auf den Quadratkilometer, sehr zur Freude der Wirte. Und zum Leidwesen der Handwerksbetriebe. Sie taten sich eh schon schwer. Expansion war rein platztechnisch nicht möglich. Zudem bekamen sie von der Stadt mehr oder weniger freundlich gesagt: Das hier ist jetzt Wohngebiet. Verdichtung und Entkernung waren die Folge. Ende der 1970er Jahre ging das los mit der modernen Stadtentwicklung inklusive Bürgerbeteiligung. Da dachte man noch, es sei ein Segen, wenn man möglichst große Innenhöfe schafft für die Kommunikation. Heraus kamen hallige Orte, in denen sich kein Mensch aufhält.

Und natürlich kehrte auch in Goho die Luxussanierung ein. Toiletten auf den Zwischenetagen, Schimmel und marodes Gebälk sind halt nicht jedermanns Sache. Bei einem seit zehn Jahren leer stehenden Gebäude der Telekom hätte die Stadt zuschlagen können, um günstigen Wohnraum zu schaffen, hat sie aber nicht, stattdessen ein Bauträger. Dass der zielführend nicht auf sozialen Wohnungsbau aus ist, sondern lieber edel Ausgestattetes für knapp 4000,–/qm auf den Markt bringt, wen wundert es? In der Kanalstraße entstand so auch Goho 3, eine der exklusivsten Wohnanlagen der Stadt überhaupt, für knapp 5000,–/qm, ging alles just in time schlank über den Notartisch.

Aber noch ist vieles in alter Gewohnheit. Und wer nach Gostenhof zieht, tut das bewusst. Der zieht da hin, weil es ihn *da* hinzieht. Der nimmt die Eberhardshofstraße in Kauf, den Gegenentwurf zu urbanem Wohnen – eng, laut und unwirtlich. Der lernt, im Karree zu fahren, oft im Pulk mit gefühlten 25 weiteren Anwohnern, die alle hoffen, das Benzin reicht bis zur Parkplatzfindung beziehungsweise die Öffnungszeiten halten bis dahin durch. Wurscht. Der Gostenhofer ist erst mal da – ohne angekommen zu sein. In einem Viertel, das so unka-

Townhouse meets Mietshaus

priziös und schlüssig daherkommt, als ginge es den Rest der Welt nichts an. Der Gostenhofer könnte auf den Rest auch verzichten.

Die Infrastruktur ist wunderbar, es gibt genügend zu essen, zu trinken und zu feiern, es gibt Theater, Musik – und auch manch irritierenden Blödsinn, wie zum Beispiel die Lichtkuppeln der U-Bahn durch die Fürther Straße. Die waren nicht trittsicher. Gut, das hätte man eventuell bei den Planungen erkennen können, hat man aber nicht. Dann brach der Erste durch, ein Besoffener auf der Suche nach ner Abkürzung oder sonst was. Die Ursachenforschung ergab, die Gewächse sind schuld, das Grünzeug ließ alles bröckeln. Ein zwei Meter hoher Bauzaun wurde zum Schutz gegen betrunkenes Durchdiekuppelkrachen gezogen hinter bis an die Maximilianstraße. Ein visueller Genuss, der dazu einlud, dahinter Müll zu entsorgen, was weidlich genutzt wurde. Die Kuppeln blieben die alten, der Müll war neu, die Baufirma pleite, Regress nicht möglich, also teuer für die Stadt. Als Übersprungshandlung wurde dann das Grünzeug auf 10 cm gestutzt. Weniger Grün macht weniger kaputt. Mehr war nicht drin.

So verging die Zeit und den Anwohnern die Geduld. Ein Bürgerverein trat auf den Plan wider den Bauzaun und all den Scheiß. Die Stadt gelobte (Ver-) Besserung. Das Ergebnis war, dass der Bauzaun zur optischen Verschönerung von zwei Metern auf einen gekürzt wurde. Aber das wiederum ist nicht Gostenhof, das ist Nürnberg. Ich erkläre hier Gostenhof für unschuldig. So was wäre in Lobby-Vierteln wie Gartenstadt oder Erlenstegen nicht möglich gewesen.

Dieses Kapitel
gelesen von Bernd Regenauer

Für nicht wenige reicht Gostenhof bis an die Rosenau. Hier ist das Zentrum der Park. Eine grüne Oase mit einem bewirteten Kiosk, legere Außenplätze, die bei Schönwetter ein klein wenig Provence in die Stadt schummeln. Man sucht sich ein hundekotfreies Plätzchen, liegt auf der Wiese, lässt Kinder toben und prostet mit Bier oder Weinflasche der Sonne zu und lauscht dem Geglagge (deutsch: Geklacke) der Boulekugeln. Die Rosenau ist hip geworden, aber manches ist auch hops gegangen. Wohngemeinschaften,

Pyraser klingt nach Orient, aber für dieses Bier reicht der Weg in den Rosenaupark

die es hier einst in Hülle und Fülle gab, sind mittlerweile an einer Hand abzählbar. Ein paar Künstler leben hier noch, Kreative, einmal jährlich noch ein Straßenfest, ansonsten ist abends der Hund verreckt. Viele Eigentumswohnungen, keine Läden und Geschäfte. Nur das Café Balazzo Brozzi hält seit 1982 allen Irrungen stand, eines meiner Lieblingscafés der Stadt, ein lebendiger, kreativer Treffpunkt der Unangepassten, ein herrlicher Kontrast zu den sterilen, uniformen Cafés der Innenstadt. Nach Süden sind die Grenzen von Goho klar. Denn eine denkmalgeschützte, mit Graffiti reich versorgte Mauer trennt Gostenhof sauber ab von den Bahngleisen und dem Frankenschnellweg. Und das ist gut so.

7 aus 39

■ **Holzdrechslerei Grottenthaler**

Volprechtstraße 5 · 90429 Nürnberg · 0911-262995
Montag bis Freitag 8 – 17 Uhr
www.holz-grottenthaler.com

■ **Herr Lenz**

Schönes Sitzen und gute, engagierte, fantasievolle Küche

Kernstrasse 29 · 90429 Nürnberg · 0911-5985385
Montag bis Freitag 11.30 – 14 Uhr · Montag bis Samstag ab 18 Uhr
www.herr-lenz.de

■ **Schanzenbräu**

Biergarten, Bierkeller, Gaststätte
Das Schanzenbräu ist Gostenhof mit gutem bodenständigem Bier, gutem fränkischem Essen und – nicht selbstverständlich – meist einer gut gelaunten Bedienung.

Adam-Klein-Straße 27 · 90429 Nürnberg · 0911-93776790
Montag bis Sonntag ab 11 Uhr
www.schanzenbraeu.de

■ **Gostner Hoftheater**

Ein schönes Kleintheater, mit Loft-Kneipe und winzigem Innenhof

Austraße 70 · 90429 Nürnberg · 0911-261510
www.gostner.de

■ **Wundermanufaktur**

Ein zauberhaftes, liebevoll eingerichtetes Kleintheater mit gerade mal 40 Plätzen. Hier kann man nach Aperitif und Fingerfood dem Magier Stephan Kirschbaum genau auf die Finger schauen bei seinen »Handgemachten Wundern«, einer außergewöhnlichen Zaubershow.

Fürther Straße 22, Hinterhaus · 90429 Nürnberg · 0911-3669421
www.wundermanufaktur.de

■ **Balazzo Brozzi**

Hochstraße 2 · 90429 Nürnberg · 0911-288482
Montag bis Freitag 9 – 23 Uhr · Samstag / Sonntag 9 – 21 Uhr,
jeden ersten Montag im Monat geschlossen
www.balazzobrozzi.de

■ **Machhörndl Kaffeerösterei**

Die wissen einfach alles über das schwarze Getränk,
bilden sogar Barista-Meister aus

Obere Kieselbergstraße 13 · 90429 Nürnberg · 0911-2740664
Dienstag bis Donnerstag 9.30 – 18.30 Uhr
Freitag & Samstag 9.30 – 16 Uhr
www.machhoerndl-kaffee.de

BAGGWAHN

Kommen wir nun zum Nürnberger Backwaren-Desaster. Gab es vor etwa 15 Jahren noch rund 150 echte Backstuben, sind es gegenwärtig weniger als 30! Dafür stehen an allen verkehrsgünstigen Ecken diverse Fertigteig-Backfilialen. Ein an sich gnadenloser Zustand für eine Metropole mit über 500.000 Insassen. Selbstverschuldet. Großstädter verfügen offenbar kaum mehr über diskutable Geschmacksnerven. Ein unsäglicher Einheitsbrei an Billigmehl und osteuropäischer Käsekuchen-Rohmasse ergießt sich da über die stumpfen Gaumen. Billiges uniformiertes Gebäck und der Tod für traditionelles Handwerk, das noch eigene Teige ansetzt.

Kurioserweise heißen gleich drei der besten, weil nichtindustriell arbeitenden Bäcker und Konditoren: Schwarz! Verwandt oder verschwägert miteinander sind sie nicht! Der eine hat sein Geschäft in Ziegelstein, bäckt weltmeisterlich und heißt Norbert, der zweite heißt Johannes und produziert Wunderbares in seinem Gleißhammer-Domizil mit dem dynamischen Namen »Hildes Backwut« – ein Berserker der Backstube. Da kann man in die Backstube gucken, gut sitzen oder sich das Gefertigte liefern lassen. Und dann ist da noch Nikolaus Schwarz am Hauptmarkt ums Eck, seit Jahrzehnten eine Instanz für beste Land- und Bauernbrote. Und wenn Sie schon am Hauptmarkt sind: Die extrem gute Konditorei Neef bietet Gebäck, Kuchen und Torten zum Niederknien! Und noch eins zum Lebkuchen: Überlassen Sie den Industrie-Scheiß bitte den Touristen, die kennen es nicht anders und sind glücklich, wenn dieser verpackte Schrott nach acht Monaten noch genauso schmeckt wie am Kauftag. Sie jedoch sollten sich der Bäckerei Düll zuwenden oder eben der Konditorei Neef, oder jedenfalls einem Backbetrieb, der Lebkuchen noch von Hand anfertigt.

■ Hildes Backwut
Bäckerei Johannes Schwarz e.K.
Schloßstraße 48 · 90478 Nürnberg · 0911-4008797
Montag bis Freitag 5.30 – 18 Uhr · Samstag 6 – 14 Uhr
www.hildesbackwut.de

■ Nikolaus Schwarz & Co.
Landbrote und Landwurstwaren GmbH
Tuchgasse 1 · 90403 Nürnberg · 0911-225092
Montag bis Freitag 8.30 – 18 Uhr · Samstag 8.30 – 16 Uhr

■ Bäckerei Schwarz
Ziegelsteinstraße 137 · 90411 Nürnberg · 0911-5298433
Montag bis Freitag 5.30 – 18 Uhr · Samstag 5.30 – 13 Uhr

■ neef confiserie café
Winklerstraße 29 · 90403 Nürnberg · 0911-225179
Montag bis Freitag 8.30 – 18 Uhr · Samstag 8.30 – 17 Uhr
www.confiserie-neef.de

■ Düll Lebkuchen
Mathildenstraße 28 · 90489 Nürnberg · 0911-552834
Montag bis Freitag 6 – 18 Uhr · Samstag 6 – 13 Uhr
November bis Weihnachten an Samstagen 6 – 18 Uhr
Vier weitere Filialen in der Stadt
www.lebkuchen-nuernberg.com

Übersetzungshilfe siehe Glossar unter: »Ich griech...«

Der Frankenschnellweg

Die A 73, von allen hier Frankenschnellweg genannt, trägt ihren Spitznamen zu Unrecht, zumindest während marktüblicher Stoßzeiten. Der Frankenschnellweg ist die Verbindungsachse Autobahn/Erlangen/Fürth/Nürnberg/Hafen/Autobahn/München oder sonstwohin. Und er ist entsprechend frequentiert. Passiert ein Unfall, dann ergießt sich der ganze Verkehr auf die umliegenden Straßen, damit die vom Unfall auch was haben. Es wäre alles nicht so schlimm, wäre der Frankenschnellweg kreuzungs- und ampelfrei. Was er jedoch nicht ist. Die Folge: ewiges Gestaue beim unfreiwilligen Zwischenstopp an der Rothenburgerstraße, der Grenze zwischen Gostenhof und Sündersbühl, ob mit oder ohne Unfall. Franken, ja, aber nix mehr »schnell«, nur noch »weg!«, und zwar so langsam, wie es eben geht. Die Lösung: kreuzungsfreier Ausbau. Das erkannten Fachleute bereits 1977, die Zeit der ersten Planungsphase und des ersten Bauantrags. Da waren die heutigen Planer zum Teil noch gar nicht auf der Welt. Immer schön, wenn Projekte generationsübergreifend weitergeführt werden können. Kennt man ja vom Berliner Flughafen her.

Und auch rund vier Jahrzehnte später liefern sich Kommissionen, Fachgruppen, Umweltverbände und Politik ein munteres Hin und Her, sehr zur Freude von Gutachtern, Planern und Architekten, die damit immer wieder aufs Neue ihre Haushaltskassen füllen. Da geht es um Zuschüsse des Freistaats, um die Luftqualität, die sich verschlechtert wegen des zunehmenden LKW-Verkehrs. 60 Tote mehr im Jahr sind zu erwarten. Grüne und Bund Naturschutz klagen gegen das Projekt, wollen die Lieferfahrzeuge ganz ums Autobahnkreuz herum zum Hafen leiten, das trimodule Gütersystem Schiene, Wasser, Bahn outsourcen. Ach ja, mit dem Kreuz des Südens, wie Nürnberg sich nennt, ist es ein Kreuz. Und kein Ende in Sicht. Obwohl jeder weiß: Der Ausbau wird kommen, so oder so. Die Kosten lagen anfangs bei 160 Millionen DM, jetzt schrauben sie sich an die 500 Millionen Euro-Grenze ran. Und der Stillstand verteuert die Sache jährlich um mehrere Millionen. Frühester Baubeginn wäre jetzt 2020, bedeutet: Wahrscheinlich frühestes Ende 2040 ist das Ding fertig. Das Buch hier wird den Vollzug höchstens unter Schutzatmosphäre erleben, etliche Leser auch nicht, ich schon gar nicht, und die Verantwortlichen erst recht nicht. Was so oder so bleibt: Der Frankenschnellweg und die Bahnlinie markieren die Grenze zu den südlichen Stadtteilen. Es

scheint ja ein Gesetz zu geben, das auf alle Metropolen der Welt zutrifft: Südlich der Bahnlinie schwächelt die Stadt, baut in Sachen Wohnqualität und Sozialstruktur spürbar ab. Achten Sie mal drauf! Südlich der Bahnlinie zu Gostenhof liegen die Stadtteile Sündersbühl und St. Leonhard. Orte, über die in Nürnberg keine Sau spricht, und die eigentlich nur auf Stadtplänen oder Google-Maps in Erscheinung treten. Kein Mensch hat sich hier aus ganz freien Stücken niedergelassen. Jede Metropole hat solche Ecken, in denen die Mieten niedrig sind, weil's nicht anders geht, weil da kein Wohlstandsbauch reinpassen würde – es wäre ihm zu eng und zu lost. Und die da leben, können nicht anders, als da leben, weil selbiges Leben ökonomisch nicht mehr hergibt. Das ist komplett glamourfreie Zone. Tausende Menschen, denen der Dax-Index komplett am Arsch vorbeigeht. Die einfach froh sind, überhaupt was Bezahlbares gefunden zu haben für unter 10 Euro pro Quadratmeter. Da mag es auch Lichtblicke geben, aber die dringen nicht nach außen. Locker hätte die Stadt auch nördlich der Trennlinie – genau gegenüber am Rand von Gostenhof –

Grundstücke kaufen können, die Bärenschanzkaserne beispielsweise, drei Hektar sozial bespielbares Terrain. Da hätte günstiger Wohnraum geschaffen werden können, menschenfreundlich, für den kleinen Geldbeutel. Aber sie überließen es privaten Investoren, in dem Fall einer Rechtsanwaltskammer. Und die machen dann aus dem Gelände halt das, was den Planern ihr BWL-Studium eingehämmert hat. Und das kann man ihnen nicht mal zum Vorwurf machen. So bleibt es dabei, Arm und Wohlhabend sind sauber getrennt und der Frankenschnellweg erfüllt seinen Sinn als soziale Barriere.

Fränkischer Pessimismus

Der Franke ist ein vorsichtiger Mensch. Und Pessimist. Er ist vorsichtshalber Pessimist. Er liebt die negative Herangehensweise. Ich kam kürzlich an einem Restaurant vorbei, da standen zwei Raucher vor der Türe. Es war kalt.

Sagt der eine zum anderen:
»Ja gell, es is scho Woschd, ob du edz an Lungergrebbs grichst odder erfrierst«.
Sagt der andere: »Ja, obber erfriern is a schönerer Tod«.
Sagt der eine: »Ja, is nu besser wäih ertrinkn«.
Sagt der andere: »Am schlimmstn is ja verbrenner«.
Darauf der eine: »Genau, wennzd frierst, un dann aa nu midd Lungergrebbs verbrennst, nou koosd froh sei, dassd ned dersuffn bissd«.

Und dann rauchten sie weiter.

Ja nou sachder: »Dreegsau, gschbrizzde, Malefizbrandsulln, verschwizzde.«
Is däss ned der allerschännsde Dialeggd?

Des Reiches
Schatzkästlein

Ja, so wurde die Stadt genannt. Jene Genitivkonstruktion verweist hörbar auf Zeiten, in denen es noch keine Werbetexter gab und der inzwischen inflationär falsch gesetzte Apostroph (»De's Reiche's Schatzkästlein's«) noch in den Schubladen schlummerte. Aber »Schatzkästlein«, das flutschte schon mal und zog Besucher von überall an – einst wie heute. Leider fanden die Nazis ebenfalls, dass Nürnberg ein schönes architektonisches Sinnbild für rückwärtsgewandte Heimatduseligkeit wäre. Und weil Hitler in seiner grenzenlosen Liebe zu Richard Wagner hier sozusagen das leibhaftige Bühnenbild für »Meistersinger von Nürnberg« erschaffen hatte, nahmen die Alliierten mit ihren Bombern genau diese symbolträchtige Idylle ganz besonders gründlich aufs Korn. Viel haben sie nicht übrig gelassen von der alten Fachwerkpracht, zumal der Wiederaufbau, an dem sich fleißig auch ehemalige Nazi-Architekten beteiligten, plötzlich von reiner Vernunft bestimmt schien.

> Aaf deä andern Kellerdrebbn buzzd a Wanzn ihre Zeeh.
> Und a ambudierder Hering suuchd sei Hulzbaa im Schelee ...

Die Folgen sind weithin erkennbar: gesichtslose Zweckbauten, an deren Flächen der Blick wegrutscht. So sieht man immerhin viel öfter gen Himmel! Aber man sieht, was man sehen will, auch wenn es gar nichts zu sehen gibt. So halluzinierte vor gar nicht langer Zeit eine Moderatorin anlässlich der Eröffnung des Nürnberger Christkindlesmarktes: » ... sprach das Christkind auf dem historischen Hauptmarkt mit seinen schönen Fachwerkhäusern den feierlichen Monolog ... « Kein einziges Fachwerkhaus existiert dort mehr seit 1945! Mal ganz abgesehen davon, dass es der »Prolog« ist, den das Christkind hier spricht.

Aber zum Glück steht ja auf dem Markt die Replik des »Schönen Brunnens«, an dem man sich was wünschen kann, dreht man nur an dem albernen Wunschring, der da im Gitter eingelassen ist. Ein dringender Wunsch könnte sein, dass der Herr ein wenig Kunstverstand vom Himmel werfe, da sich das Kunstverständnis der Nürnberger nicht bei allen so rasant entwickelt hat wie die Architektur seit 1945.

Kunst ist anstrengend...

Schön erlebbar war das während der sommermärchenartigen Fußball-WM 2006. Da überzog der Münchner Künstler Olaf Metzel den in Blattgold schimmernden Brunnen mit einer Pyramide aus alten Stadion-Plastiksitzen. Eine monströse, mutige Kunstinstallation, die einen kollektiven Aufschrei zur Folge hatte. Da entlud sich vieltausendfach der gesammelte Unmut des Durchschnittsfranken über die »moderne Kunst« an sich. Da las man dann auf Transparenten Sprüche, wie sie – wiederum seit 1945 – eigentlich in den Mülleimer der Geschichte gehören. Aber es gibt auch Orte in Franken, in denen das Kunstverständnis ein anderes ist. Der mit versifften Barhockern zugemüllte Osterbrunnen in Gantersbach war dafür ein leuchtendes Beispiel, so wurde es mir aus unsicherer Quelle berichtet. Der Künstler des Werkes hieß Iannis Snitsopoulos und ist der Wirt vom »Braunen Bär« – türkische Spezialitäten, Pizza, Asienwochen, Montag Ruhetag, Fremdenzimmer auf Anfrage. Allerdings behauptete der Künstler erst mal, das mit den Hockern, das wäre er gar nicht gewesen, es sei denn, man garantiere ihm Straffreiheit.

Doch längst hatte sich die Initiative »Kultur auf dem Land und mehr e.V.« (Satzungsauszug: »...alles ist Kunst! Kunst darf sich nicht auf schlichte Kultur reduzieren lassen!«) der Sache angenommen. Und weil zum Ablauf der R-Monate Karpfenkönigin Carola IV. erwartungsgemäß ihren nassen Hut nahm, wurde Spargelkönigin Jasmin III. zur Eröffnung des Objektes geladen. Als Gastredner erschien Biobauer Bert Brechtel (»Bio-Berti«), der mit seinen kühnen Kuhstall-Installationen (Melkschemel I und II, Abbitte an die Kuh – »Tut mir leid, keine Zeit für warme Hände«) bereits Kunstgeschichte geschrieben hatte. Er erinnerte in seiner flammenden Rede an die Aktionswochen einer mittelfränkischen Metropole, bei der ein sogenannter Stuhlzug an christliche Gepflogenheiten erinnern soll. An einen Klappstuhl genagelt war hier die erste Stühligung einer Kulturreferentin geplant (»mich dürstet!«), mit Wiederauferstehung auf dem Burgberg und anschließender Himmelfahrt in die Blaue Nacht hinein, bei gleichzeitiger

Schöner Brunnen in Digitaltechnik

Einführung des Julianischen Kalenders, beginnend im Jahre Null nach Toleranz (0 n.T.). Und dann durfte als letzter Redner auch Iannis Snitsopoulos vors Mikrofon treten, der sich mit den Worten empfahl: »Ärrlich, ich dachte bloße, Dienstag isse Sperremüll... aber Wurste, so isse auch gutt.«

Südstadt-Mysterien

Zunächst mal: Die Südstadt ist nicht so schlimm, wie manche denken – jedenfalls wenn sie so wäre, wie sie sein könnte, was sie aber nicht unbedingt ist. Anders gesagt: Man mag sie, oder man mag sie nicht. Und ein Südstädter, von mir nach den Vorzügen der Südstadt gefragt, antwortete schlicht: Das Gute an der Südstadt sei, dass er nicht in der Nordstadt wohne. So ist das. Und so scheinen viele denken zu müssen. Denn der Stadtteil unterliegt nicht den Segnungen struktureller Homogenität.

Es muss einen Magnetismus geben, weshalb Menschen in solche Stadtteile ziehen. Eigentlich gibt's dort nix Auffälliges, aber es herrscht so eine Art Anziehungskraft, die sie glauben macht, da wäre ne Art Zentrum. Warum? Ein Rätsel. Das Herz der Südstadt mit heute über 70.000 Einwohnern ist eigentlich der Aufseßplatz. Der hatte eine fürchterliche Nachkriegsarchitektur, es war ringsum alles zerbombt dank der Rüstungsindustrie in unmittelbarer Nähe. Doch der Platz erholte sich. Bäume wurden gepflanzt, unter denen sich sitzen ließ, und die Häuser, naja, es ging. Bis Stadtplaner entschieden, Berliner Architekten sollen das Ringsherum modernisieren. Um bessere Sicht auf die entstandenen grausamen Nachkriegsbauten zu haben, wurden die Bäume daraufhin wieder gefällt. Es entstand via Reißbrett eine absolute Einöde, und der Platz wurde mit drögen Steinplatten vollgepflastert. Scheint die Sonne, reflektiert das Zeug schmerzhaft grellstes Licht in die Augen, und es brennen die Füße. Gäbe es hier nicht das alte, italienisch bewirtete Rondell, ein richtiges Straßen-Rundumcafé, des Weiteren einen Phosphat-Imbiss, einen Bäcker, einen Metzger und ein ordentliches Café mit sommerlicher Außenbestuhlung, könnten die Südstadtinsassen zu Hause bleiben und online einkaufen. Auf dem Aufseßplatz wollten kluge Städteplaner einen kommerziell funktionalen Mehrzweckplatz einrichten: Kein einziges der volksuchenden Versuchskaninchen-Events, inklusive eines Asien- und Weihnachtsmarktes, hat bislang funktioniert. Aber in ein paar Jahrzehnten haben die mickrigen Designerbäumchen dann vielleicht diskutables Grün in der Krone, falls sie überhaupt ihr jetzt welkes Dasein überleben. Arg zugesetzt hat der Südstadt auch das Desaster mit dem »Schocken«. Der Niedergang des Südstadt-Kaufhofs, des Zentralmagneten am Aufseßplatz, von den Eingeborenen bis heute nach seinen ehemaligen jüdischen Eigentümern Salman und Simon Schocken »Schoggn« genannt, hat dem agilen Südstadtbereich vollends das Herz aus dem Leib gerissen. Ehedem hielt das Kaufhaus noch alles weitgehend zusammen. Es war das Zentrum, um das sich alles drehte. Weil es da auch alles gab, von der Schraube bis zum Kondom. Damit ist es seit Jahren vorbei, das Ding ist zu. Der Innenraum dient gerade mal hie und

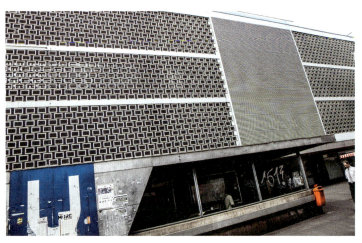

Der Schoggn zum Schocken!

da als Kulisse für einen fränkischen Tatort und für eine sporadische kulturelle Zwischennutzung. Ein Investor nimmt das Ganze jetzt in die Hand, man darf gespannt sein. Längst jedoch beherrschen Dönerbuden, Handyläden, Shisha-Bars und Unmengen von Spielhallen das morbide Areal. Handwerk findet sich gerade noch in den Tattoo-Studios. Gold-An- und -Verkauf, wahrscheinlich meist Ankauf zu miesen Konditionen, ein Waffengeschäft, das war's weitgehend. Unzählige Kleinhändler sind verschwunden. Und – ganz schlimm! – mit dem Atrium schloss auch noch das schönste Art-déco-Kino der Stadt. Aber wie es bei Verzweifelten so ist: Es gibt Lichtblicke, die das Abrutschen in die vollkommene Agonie verhindern. Die Bildungs- und Kultureinrichtung »Südpunkt« versucht, Kultur zu bündeln. Eines der größten Passivhäuser der Republik, energetisch vorbildlich, mit Volkshochschule, mit Sprachkursen und Workshops… gut gemeint, doch der zentrale Saal lockt patinaentleert mit sterilem DDR-Charme in modern. Warum das so sein musste, keine Ahnung.

Alternativangebote

Gehen Sie lieber mal in das »Arsch und Friedrich«, eine schräge Dada-Kneipe. Zwei bärtige Kerle mit einem Faible für Kitsch, Trash & Subkultur servieren da unter anderem »Teekiller«, was Tequila heißen soll, doch die Karte ist von der 8-jährigen Lilli erstellt. Rustikaler Wirtshauscharme, garniert mit einem bunten

Anstrich und einem Hauch von toter Oma. Anschauen! Oder Sie hocken sich in der Bulmannstraße im »Café Express« fest, da gibt's neben bestem fränkischen Bier auch besten Blues am Abend. Klasse auch der »next door coffee club« in der Allersberger Straße mit selbstgebackenem Brot, Kuchen, Quiche und bestem Espresso aus der Nürnberger Rösttrommel. Und im »Landbierparadies« in der Wodanstraße haben sie den amtlich besten Obatzten der ganzen Stadt. Nebenbei mangelt es inzwischen auch nicht an Ateliers mit entsprechenden Ateliertagen wie dem »Laboratorium« in der Wodanstraße, wenngleich die meisten Künstler von ihren Frauen leben, sofern sie Lehrerinnen sind. Also, es ist nicht alles verloren. Auch nicht dank Bernd Heberger. Dieser Mann ist eine Granate. Er hatte eine genial einfache Idee: einen Tag altes Brot, Backwaren, Obst und Gemüse zum Spottpreis zu verkaufen, alles aus der Region. Am Kopernikusplatz betreibt er seinen Low-Budget-Laden. Ein Ereignis, bei ihm einzukaufen, denn der stets muntere Heberger tütet nicht nur ein, sondern klopft auf seinen Kreidetafeln Sprüche, die sofort als schnörkellose konkrete fränkische Poesie druckfähig wären.

Das Versteckte finden ist das Geheimnis der Südstadt. Direkt und fast unsichtbar am schlimmen Maffeiplatz befestigt: ein öffentliches Wohnzimmer. Es heißt »Peppino«, ein kleines italienisches Restaurant, ein Familienbetrieb, der seit Jahrzehnten existiert. Nichts am tapezierten Interieur, so scheint es, hat sich im Lauf der gegessenen Zeit verändert, kein dynamischer junger Innenausstatter durfte sich hier jemals austoben: eine Zeitmaschine mit Stammgästen, die jedes Mal, wenn sie hier einsitzen und sich über ihr Risotto beugen, das Gefühl haben, keinen Lebenstag älter geworden zu sein. Gut möglich, dass solche Nostalgie-Esser auch zum Kernpublikum des fröhlich wiederauferstandenen Kult-Kinos »Casablanca« gehören. Das »Casa« ist sozusagen eine exterritoriale Zone im Süden, denn wer das Kino betreten oder verlassen will, muss an Anna Meyers Bio-Crêperie mit dem unaussprechlichen Namen »Yechet Mad« vorbei! Anna, grün im Herzen und immer grün gekleidet, ist die Seele dieses ebenfalls seit Jahrzehnten blühenden Etablissements. Und nur Künstler, die noch richtige Bilder malen und nicht heruminstallieren, dürfen bei ihr auch ausstellen.

Kult-Kino in der Südstadt: das Casablanca

Für viele Südstadtinsassen mag es ein Vorzug sein, nahezu vollkommen von Event-Kultur verschont zu bleiben. Aber einmal im Jahr zeigt das Südstadtfest doch quirlige Potenz. Da qualmt und raucht es aus den Ständen heraus, dass es eine Pracht ist. Sämtliche Ethnien sind hier friedlich nebeneinander, Infostände von CSU und DKP in unmittelbarer Nähe zueinander. Laut lärmende Fröhlichkeit schallt von der großen Bühne: ein harmonischer Schmelztiegel, der wie ein Aufschrei wirkt gegen Tristesse, Borniertheit, Intoleranz und dumpfe Ressentiments. Tausende flanieren hier durch die dampfende Budenstadt. Sie feiern, trinken, essen, als ginge es darum, die restlichen 362 Tage binnen Stunden abzuschütteln. Und siehe da, es gelingt…

Nibelungenviertel

Nibelungenviertel, das ist Südstadt 2.0, ein Getto für den gehobenen Geldbeutel, für Menschen, wie sie auch in Erlenstegen oder Mögeldorf zu finden sind. Hier, südlich der Wodanstraße, lässt sich der Weinkenner nieder, der Käsefachmann, der über Büffelmozzarella philosophiert aus einem toskanischen Bergdorf, das außer ihm keiner kennt. Hier haben Schrebergärten überlebt, hier werden Bäume und Gärten gepflegt, und alles hier hat was von Prag und wirkt im Kontext der restlichen Südstadt fast ein wenig spooky. Ein Mikrokosmos, eine Hinterlassenschaft von Nazibonzen, die sich da ihre großzügigen Villen hinstellten. Mit dem »Nürbanum« wurde das dazu passende Gewerbezentrum geschaffen, mit Kunst, Wellness, Wein und einem Käseladen, der Büffelmozzarella anbietet aus einem toskanischen Bergdorf, das außer ihm keiner kennt.

Gleißhammer

Von Gleißhammer sagen die einen, es gehöre zur Südstadt, die anderen, es sei schon der Osten. Egal, es markiert jedenfalls den Übergang von Stadt zu Land, es wird zum Rand hin kleinteiliger mit Kleingärten, Kleinfamilienhäusern und dem Dutzendteich. Und zur Mitte hin Industrialisierungsarchitektur und Arbeiterwohnungen. Was in Gostenhof gelang, ist in Gleißhammer gescheitert. Hier hat es nichts Spannendes, die Stadtteilsanierung in den 70ern hat alles verschlimmbessert. Dass die Leute mitreden durften und ihre Ideen in Taten umsetzen konnten, dieser Prozess wurde damals für beendet erklärt, stattdessen kamen Vorschriften und Pläne, die an den Bedürfnissen vorbeigingen. Es gibt in Gleißhammer keinen zentralen Wohlfühlort zum Begegnen, keinen Platz, außer Freiflächen zum Hundescheißen, sowie einen wunderbaren naturbelassenen Parkplatz der Firma Diehl. Läden verschwinden, der Ortskern ist durch Supermärkte ausgeblutet.

Das Zeltnerschloss, ein ehemaliger Herrensitz, steht einzeln und prachtvoll da, dafür verschwanden legendäre Kneipen wie der »Kunstverein«, der »Römersgarten« und der »Hemdendienst«. Orte in enger Nähe zueinander, an denen man gesundheitlichen Raubbau gerne und ausführlich in Kauf nahm, bei sardischem Rotwein und Bier. Heute lebt es sich da vielleicht gesünder, aber weit weniger saftig. Und der Kunstverein ist längst solide im städtischen Z-Bau verankert. Immerhin hält die »Rote Bühne« samt Tanzakademie mitten im Diehl-Gelände unterhaltend die Stellung.

Zeltnerschloss

Ein Platzhirsch im fränkischen Kulturbetrieb

Allen trüben Stadtjahren getrotzt hat das »Concertbüro Franken«. Der einzige in Nürnberg lebende Großveranstalter ist inzwischen eine Institution, ein ausgewachsener Betrieb mit über 30 Angestellten. In den frühen 80ern ins Leben geholt von Axel Ballreich und dem umtriebigen Peter Harasim, der langmähnig und mit einem tonnenschweren Amulett um den Hals heute noch aus tiefer Überzeugung das Outfit der 70er pflegt, schipperte das »Concertbüro Franken« von Anbeginn an subventionsfrei durch die fränkische Kulturlandschaft. Ballreich und Harasim mieteten Säle an, vom KOMM bis zum E-Werk in Erlangen, und brachten im Laufe der Jahrzehnte unendlich viele namhafte und viel versprechende Künstler in die Region, von Konstantin Wecker über Fanta 4 bis Heino. Nicht zuletzt auch Ergebnis der intensiven persönlichen Kontakte, die vor allem Harasim zu den Künstlern hat. Und wer sich mit ihm auf ein Gespräch einlässt, sollte Reizworte wie »Sixtees«, »Backstagebereich« und »Udo Lindenberg« tunlichst vermeiden, es sei denn, er hat sehr viel Zeit. Denn der Mann hat was zu erzählen. Inzwischen betreibt das Concertbüro den »Hirsch« mit über 200 Veranstaltungen im Jahr, den »Löwensaal« und die Open-Air-Spielstätte »Serenadenhof« in der Kongreßhalle, ein prachtvoller Ort. Und ich zolle hier im Buch ausdrücklich Respekt vor Kulturtreibenden wie diesen!

Harasim in Action

🟧 Arsch & Friedrich
Untere Baustraße 14 · 90478 Nürnberg
Mittwoch bis Samstag 19 – 2 Uhr

🟧 Café Express
Bulmannstraße 4 · 90459 Nürnberg · 0911-435136
Montag bis Freitag 11 – 1 Uhr · Samstag 12 – 1 Uhr · Sonntag 15 – 1 Uhr
www.cafe-express.de

🟧 next door coffee club
Allersberger Straße 162 · 90461 Nürnberg · 0911-71566511
Mittwoch bis Freitag 7 – 18 Uhr · Samstag, Sonntag & Feiertag 9 – 18 Uhr
www.nextdoor-coffeeclub.de

🟧 Landbierparadies
Wodanstraße 15 · 90461 Nürnberg · 0911-468882
Täglich 17.30 – 1 Uhr
Freitag ab 14 Uhr · Samstag ab 12 Uhr · Sonntag & Feiertag ab 10 Uhr
www.landbierparadies.com

🟧 Peppino
Italienisches Restaurant

Maffeiplatz 16 · 90459 Nürnberg · 0911-440137
Täglich 11.30 – 23 Uhr, Sonntag Ruhetag

🟧 Casablanca Filmkunsttheater
Brosamerstraße 12 · 90459 Nürnberg
Reservierung: 0911-454824 oder reservierung@casablanca-nuernberg.de

🟧 Yechet Mad
Bio-Crêperie

Brosamerstraße 12 · 90459 Nürnberg · 0911-443947
Mittwoch bis Donnerstag 17 – 23 Uhr · Freitag bis Samstag 17 – 24 Uhr
Sonntag 17 – 23 Uhr
www.creperie-nuernberg.de

🟧 Rote Bühne und Tanzfabrik
Vordere Cramergasse 11 · 90487 Nürnberg · 0911-402213
www.rote-buehne.de

🟧 HIRSCH
Vogelweiherstr. 66 · 90441 Nürnberg · 0911-429414
www.der-hirsch.de

Dieses Kapitel
gelesen von Bernd Regenauer

Lichtenreuth

Den Stadtteil Lichtenreuth im Süden gibt es wirklich. Er muss nur noch bebaut werden. Die Verkündung war 2002. Ein Areal groß wie die Altstadt, im südlichen Teil Nürnbergs, ein brachliegendes Bahngelände, ehemaliger Güterbahnhof, in der Hand von Aurelis, einem Ex-Bahn-Immobilienunternehmen. Hier toben sich seit vielen Jahren die Planer aus. Es gab Workshops, Fachseminare und Ausschreibungen. Da ging es um Zwischennutzung von Bestehendem, um Verbindungen von Grünzonen mit Vorrang für Radfahrer und Fußgänger, um öffentliche Verkehrsanschließung und Urbanität. Es war ein Spielen mit Ideen. Und es entstanden Pläne. Dann ist erst mal nix passiert. Dann wurde entdeckt, dass die vollendete Wohnbebauungsplanung Richtung Rangierbahnhof nur für Hörgeschädigte einen Sinn macht. Für die Erkenntnis, dass herumkoppelnde Güterzüge Lärm verursachen, brauchte es knapp zehn Jahre. Nach fränkischen Maßstäben also im Rahmen der Normalität.

Warten auf Stadtteil

Aber jetzt geht's bald los, im Irgendwann demnächst, mit neuen Plänen, die so oder so sein werden. Und alles wird gut.

Reichsparteitags-
gelände

Das Zeppelinfeld, das Reichsparteitagsgelände, Hitlers Aufmarsch-Areal mit seinen Steintribünen, ein schwieriges Erbe. Und auch hier die fortlaufende Diskussion, wie mit all dem baulichen Größenwahn für die Nachwelt umzugehen ist. Präferenz hat derzeit der geordnete Verfall. Längst wursteln sich Pflanzen durch Granit und Beton und zeigen, dass Pflanzen alles wieder wegmachen können, zumindest optisch. Nach gut 70 Jahren bröselt es an allen Ecken und Enden. Albert Speer hat mit seinem Blendwerk wohl damals bei der Wahl des miesen Baumaterials schon geahnt, dass das Ganze beileibe nicht für die Ewigkeit halten wird. Obwohl es für diese Annahme erst mal keinen Grund gab. An keinem Ort der Welt war Antisemitismus stärker ausgeprägt als in Nürnberg, da half die ganze Sozialdemokratie nicht und auch kein liberaler Bürgermeister.

Das protestantische Nürnberger Umland war höchst anfällig für Julius Streichers Hasstiraden und der »Stürmer« ein gern gelesenes Blatt. Und der auf Druck rechtsextremer Verbände eingesetzte Polizeipräsident in Nürnberg verhielt sich den Nazis gegenüber ausgesprochen wohlwollend. Noch lange nach dem Krieg fuhr die NPD wie ein Sirenenecho in Mittel- und Oberfranken Rekorderergebnisse ein. Es war naheliegend, dass Hitler dank dieses furchtbar fruchtbaren Bodens die Brücke von München nach Nürnberg schlug an diesen kaiserlichen Traditionsort mit guter Verkehrslage und williger Gefolgschaft, mit Wagnerklängen im Ohr, um von da aus endgültig die verhasste Weimarer Republik zu zerstören. Nürnbergs Vergangenheit als Reichsstadt und Stadt mittelalterlicher Reichstage ließ sich leicht im Sinn der nationalsozialistischen Reichsidee umdeuten. Hitler ließ die SA aufmarschieren, es bildete sich ein engmaschiges Netz von Ortsgruppen. Festmärsche und Paraden zogen über den Hauptmarkt, von ihm persönlich abgenommen, und Ehrengäste von Prinz August Wilhelm von Preußen bis zum Generaldirektor der Gelsenkirchener

Bergwerks AG machten die NSDAP endgültig gesellschaftsfähig. Hat der Stadtrat noch bis 1933 NSDAP-Parteitage abgelehnt, so brach ab da der Widerstand zusammen. Dafür kam die Rüstungsindustrie in Fahrt mit MAN, Diehl, Siemens-Schuckert, Neumeyer, Zündapp und über 100 weiteren, im Krieg dann mit Zwangsarbeitern und unmenschlichen Arbeitsbedingungen munter am Laufen gehalten. Die Industriellen, skrupellose, willfährige Handlanger des Regimes, die wahren Kriegsgewinnler, rissen sich via Arisie-

Serenadenhof in der Kongresshalle

rung jüdische Besitztümer unter den Nagel und damit einen Teil des Kapital-Grundstocks für die Zeit danach.

Ab 1933 wurde auf dem Zeppelinfeld für perfekte Propaganda gebaut, und da hieß es klotzen, nicht kleckern. Den Anfang machte eine Tribüne für 70.000 Menschen im Luitpoldhain. Es war viel Platz für Protz und Pomp. Störenden Kleinkram hat man entfernt. Den Tiergarten hat man 1939 kurzerhand verlegt, einen Leuchtturm gesprengt und Sichtlinien geschaffen für die Aufmärsche im

Licht von Flakscheinwerfern. Das meiste wurde nicht fertig. Die Kongresshalle schaffte es nicht über 36 Meter hinaus, das geplante Stadion für 450.000 Menschen kam nicht über die Grundmauern hinaus, ein Glück für den FCN, es hätte ihn heute vollends ruiniert. Eine der Baugruben lief voll Wasser und bildet heute den schwefelverseuchten Silbersee neben dem Silberbuck, einem Hügel aus Kriegsschutt. Er bietet einen der schönsten Blicke auf die Kaiserburg.

Am Norisring

Am Rande des Reichsparteitagsgeländes, dort, wo sich nach dem Krieg ein Lager für Kriegsflüchtlinge befand, entstand die Trabantenstadt Langwasser, der Stadtteil mit dem höchsten Grünflächenanteil Nürnbergs. Das gut durchdachte Konzept des Architekten Franz Reichel verband Plattenbauten mit Grüngürteln und dem Einkaufszentrum (dem ersten komplett überdachten Deutschlands – enorm hässlich, aber zweckmäßig) und den besten öffentlichen Verkehrsanbindungen und hält so bis heute den modernen Anforderungen der Bewohner stand.

Widerstand, im Jahre 80 v. Gabriel

Das Reichsparteitagsgelände ist ein schwieriges Erbe, andererseits dank der gigantischen Ausmaße heute die Bühne für Massenveranstaltungen der anderen Art mit ganz eigenem Charme.

Bob Dylan gab hier 1978 eines seiner besten Konzerte, die Rolling Stones waren zu Gast, und bereits seit 1947 gibt es das DTM-Spektakel auf dem Norisring, neben dem Schottenring der einzige Stadtkurs Deutschlands. Ein alljährlich kreisendes Getöse mit Boxenludern, schwitzenden Piloten, fränkischem Glamour im VIP-Bereich und großflächiger Werbung an Stellen, an denen sie früher glücksbeseelt den rechten Arm hoben, wenn die Nazi-Parade im Fackellicht vorbeizog. Auch mein Opa stand damals ergriffen dabei, extra aus Gunzenhausen angereist, und er hatte einen passenden Hocker im Gepäck, damit meine damals 10-jährige Mutter auch einen Blick auf die ganze Herrlichkeit werfen konnte.

Dem DTM-Gerase wäre Opa sicher ferngeblieben. Sicher auch den illegalen Autorennen, die da unter Zuhilfenahme von Drogen und größtmöglicher Blödheit gelegentlich abgehalten werden. Und ich glaube auch nicht, dass ihn »Rock im Park« gereizt hätte, das hier seit 1997 alljährlich über die Bühne geht. Was dieses Event nicht weiter stören wird. Es ist auch ohne ihn eines der größten Rockfestivals Deutschlands.

■ Dokumentationszentrum Reichsparteitagsgelände
Bayernstraße 110 · 90478 Nürnberg · 0911-2317538
www.museen.nuernberg.de/dokuzentrum

■ Felsengänge unterhalb der nördlichen Altstadt.
Dank der klugen Konstruktion mit perfekt übereinanderstehenden Säulen hielten die labyrinthischen Keller-Gewölbe sogar dem Bombenhagel des Zweiten Weltkriegs stand. Sie konnten 25.000 Menschen aufnehmen, und viele tausend Nürnberger suchten hier Schutz und überlebten so das Inferno, das am 2. Januar 1945 über die gesamte Stadt fegte fegte.
Bergstraße 19 · 90403 Nürnberg · 0911-2449859
Führung Montag bis Freitag um 11, 13, 15, 17 Uhr
Samstag & Sonntag von 11 – 17 Uhr jede Stunde
www.historische-felsengaenge.de

Nürnberger Rostbratwurstmanifest

Hier mal ganz deutlich in Fettschrift zum Mitschreiben:

EINE URSPRÜNGLICH UNSCHULDIGE NÜRNBERGER ROSTBRATWURST, DIE UNTER GRÖSSTMÖGLICHER HITZEZUFUHR INNERHALB WENIGER SEKUNDEN AN DEN RAND DER SCHWÄRZE GETRIEBEN WURDE UND DANN DIE FOLGENDEN 30 BIS 90 MINUTEN BIS ZUM VERKAUF ZUSAMMEN MIT WEITEREN 130 LEIDENSGENOSSEN LIEBLOS ZUSAMMENGESTAPELT AUF EINER LÄCHERLICHEN WARMHALTEZONE VERBRINGEN MUSSTE, IST EIN ABSOLUTES NO GO!!!

DIESE WURST IST DEPRESSIV UND HAT EIN HUNDSMISERABLES KARMA. VOM VERZEHR WIRD HIER DRINGEND ABGERATEN!

Suu köddz, un ned andersch!

Der Glubb – im Bann der Legende

Der Club ist bis heute der nach Bayern München zweiterfolgreichste deutsche Fußballverein mit 9 Meisterschaften und 4 Pokalsiegen. Zitat des legendären Club-Torhüters Heiner Stuhlfauth: »Es ist eine Ehre, für diese Stadt, diesen Verein und die Bewohner Nürnbergs zu spielen. Möge all dies immer bewahrt werden und der großartige 1.FC Nürnberg niemals untergehen.« Aber: Es gibt weltweit auch nur einen einzigen Fußballclub, der das Kunststück fertigbrachte, sowohl als amtierender Meister als auch als amtierender Pokalsieger in der jeweiligen Folgesaison in die 2. Liga abzusteigen: den Glubb. Diese Faszination des Unvollendeten ist wohl auch der Grund für die Faszination des FCN. Grandios im Triumph. Grandios im Scheitern. Ganz klar: Der Glubb is a Debb! Immer und ewig. Egal, was er grad macht und tut. Glubb = Leid und Schmerz. Und ein Franke leidet gerne und ausgiebig. Und da ist er beim Club bestens aufgehoben.

Der Club, das ist emotionale Achterbahn, ist Fleisch gewordene Emotionalität plus Trainer, Reservebank und allem Drumherum. Der Club ist für den Glubberer wie ein hochdotierter Arbeitsvertrag bei gleichzeitiger fristloser Kündigung mit der Aussicht auf Neueinstellung – irgendwann, zu neuen Konditionen, die noch keiner kennt, der Glubberer am wenigsten. Nie weiß man, was geschieht, aber darüber weiß man bestens Bescheid. Der Fan kann sich sicher sein, keine Ahnung zu haben, wann die vielleicht gerade stattfindende Erfolgswelle wieder abreißt, weil der Club alles dransetzt, den Fan da im Unklaren zu lassen. Das Unklare nebst Ahnungslosigkeit wird dann faktisch belegt, statistisch untermauert und mit Forderungen an die Verantwortlichen befeuert, Spieler zu kaufen oder zu verkaufen oder beides. Die Leidenschaft ist da grenzenlos. Und dann steht die Truppe wieder auf dem Platz und macht alles anders als gedacht. Als echter Glubberer wünscht man sich den Glubb ganz unten, weil nur dann kann es sicher aufwärtsgehen. Die Unten-Zeit wird genutzt, um mal so richtig abzuledern, eine Gelegenheit, Ventile zu öffnen. Geht es aufwärts, ist wiederum das Wundern groß, warum ausgerechnet jetzt. Ist er oben, zittert der Fan, weil er ja sicher sein kann, es geht wieder abwärts. Steht er irgendwo in der Mitte, ist es am schlechtesten. Denn dann ist die Situation ambivalent, dann weiß der Glubberer nicht so recht, wohin. Wut, Hoffnung oder – schlimmstenfalls – Zufriedenheit? Der Fan erlöst sich irgendwann selber, indem er sich fragt, warum der Verein da in der Mitte herumdümpelt, was der Club da in der lächerlichen Mitte verloren hat. Mittelmaß geht gar nicht. Dann spätestens wird die Trainerfrage losgetreten. Und schon ist die emotionale Lunte wieder gezündet. 666 Fanclubs gibt es mit über 40.000 Mitgliedern. In der Nordkurve des Frankenstadions, in den Stimmungsblöcken 7, 9 und 11, bilden die Ultras mit Transparenten und farbigen Stoffen Choreografien, die Nordkorea mit seinen Menschenbildern bei Großveranstaltungen in den Schatten stellen. Die Legende lebt. Und wird permanent wiedergeboren. Im Nürnberger Klinikum gibt es eigens einen

Kreißsaal für Clubfans. Der Frischling sieht als Erstes im Leben Rot-Schwarz. Als Zweites fällt sein Blick auf Max Morlock, jene Clublegende, nach der viele Nürnberger gerne das Stadion benennen würden, was aber die Sponsoren zu verhindern wissen. Er würde zu ihm »Papa« sagen, wenn er könnte, sabbert aber stattdessen seinen ersten dicken Speichelfaden auf ein Club-Lätzchen, auf dem »Latzwart« geschrieben steht. Die eigentlichen Eltern sind nur marginal vorhanden. Ein Clubfan hält sich mit Nebensächlichkeiten nicht auf. Und sein erster Satz wird sein: »Ich bereue diese Liebe nicht.« Und die stolzen Eltern werden antworten: »Schau hie, a Glubberer mir homm alles richdich gmachd!«

Dieses Kapitel
gelesen von Bernd Regenauer

Nürnberg und seine Promis

Die Promiszene Nürnbergs ist schnell beschrieben, denn sie ist ein Abziehbild fränkischer Wesensart. Alles wirkt bemüht und gewollt, es ist überraschungsarm, nichts ist überkandidelt, gepflegtes Understatement, erfrischend weit entfernt von Münchner Schickeria-Dekadenz. Einzig der Nürnberger Opernball als gesellschaftlicher Höhepunkt bietet das Tableau für ein Coming-out der Geldszene. Hier darf geprotzt werden, ja muss sogar. Den Rest des Jahres stehen Promis mangels Alternativen am Buffet, essen aus Gläsern, loben den Caterer, trinken sich die gepflegte Langeweile aus dem Hirn, plaudern über angesagte Mode-Labels, Käseladenbesitzer mit Büffelmozzarella aus einem toskanischen Bergdorf, das außer ihnen keiner kennt, tauschen unwichtige Handynummern, Adressen von Gesichtschirurgen, teuren Italienern und Wellness-Oasen. Das alles hat nichts Exzesshaftes und wirkt an manchen Abenden ganz nett, an anderen grauslig und immer irgendwie putzig.

Hie und da versucht einer, aus dieser Bodenständigkeit auszubrechen, was stets misslingt. Hot Spots sind der CSU-Ball, der Unternehmerball und natürlich diverse Miss-Wahlen: Miss Bayern, Miss Nürnberg, Miss Franken Classic… die Körperbesichtigungen werden in Gebersdorf abgehalten im La Cultura (!) bei Adelo Kadir, der parallel die Champagnerbar Sassé in der Adlerstraße leitet, im Sommer mit Fashion-Dinner vor der Tür. Und da steht dann die versammelte fränkische Prominenz herum, die außer den anwesenden Prominenten kaum einer kennt, und tut stets das Gleiche, weil da immer die Gleichen herumstehen, garniert mit sämtlichen Ex-Missen der letzten 20 Jahre, die das Ambiente optisch aufhübschen sollen, was nur bedingt gelingt, nebst Volksfest-, Wein-, Spargel- und Brautkönigin: Karossenhändler Zitzmann, Modezarin Armbruster, Promi-Friseur Marcel Schneider, Dagmar Wöhrl, Hörfunk-Moderatoren wie Flo Kerschner, Ute Scholz, Security-Althof und die Üblichen Verdächtigen aus Politik und Wirtschaft nebst Begleiterinnen, oft erst auf den zweiten Blick erkennbar, da sie gerade frisch der Klinik entsprungen sind und das Minenspiel noch sehr schwerfällt oder die Gesichtszüge Botox-bedingt komplett fahruntüchtig sind.

> Däi Baa, däi Baa, däi Baa, allmeine naa, ja gizz denn suu woss aa?

Wichtig dabei Szene-Fotograf Jürgen Friedrich, der das nichtige Treiben festhält. Man stellt sich auf, lächelt frontal zu zweit oder in Kleingruppen in die Kamera und lässt sich dann in provinzieller Eitelkeit fürs Promiszenen-Hochglanz-Magazin Marlen ablichten, als fixierten Beweis, dass es einen tatsächlich gibt.

Dieses Kapitel
gelesen von Bernd Regenauer

Bodyguard Peter Althof zeigte sich mit dem Inhalt des Kapitels
nicht in allen Punkten einverstanden

**Nei ins Gwerch ...
Innenstadt**

1

1964, ich war gerade acht Jahre alt, zogen mich meine Eltern vom Land weg in die Nürnberger Innenstadt. Sie erwarben da ein Grundstück, auf dem ein teils noch zerbombtes Fachwerkhaus stand, eines der ältesten der Stadt. Ich weinte bittere Tränen beim Anblick und der Vorstellung, hier nun auf unabsehbare Zeit wohnen zu müssen. Die »Stadt der Reichsparteitage« war bei Kriegsende zu 90 Prozent zerstört, jedenfalls die Altstadt. Das fränkische Wetter sorgte dafür, dass die alliierten Luftstreitkräfte bei ihren Bombardierungen wegen der Wolkendecken häufig danebenlagen und statt den relevanten Rüstungsproduktionsstätten wie MAN, Diehl und Siemens zivile Wohnbereiche in Schutt und Asche legten. Und mein neues Zuhause bekam eben auch was ab. Im Raum unter dem Haus richteten meine Eltern ein kleines Lokal ein, fortan war ich Wirtssohn. Im Lauf der Jahre vergrößerte sich der Betrieb unterirdisch mehr und mehr, mein Vater legte verschüttete Tonnengewölbe frei, ein Raum nach dem anderen kam dazu, die »Katharinenklause« wurde zum größten Weinrestaurant der Altstadt. Hinter dem Haus war die Katharinenruine. Damals noch ein überwuchertes Trümmergrundstück, ein herrlicher Abenteuerspielplatz, der heute jeden TÜV-Gutachter in den Suizid treiben würde. Inzwischen ist dort eine der schönsten Open-Air-Spielstätten der Stadt.

Quer durch die Altstadt rumpelte der Verkehr. Und es gab viel kleinteiliges Handwerk. Noch heute liegt mir der ledrig-fette Geruch der winzigen Schusterwerkstatt im Gedächtnis. Gerüche haben die höchste Erinnerungskraft. Ich trieb mich in und zwischen den Läden herum. Ein wunderbares Eisenwarengeschäft in der Karolinenstraße, der kleine Metzger in der Lorenzer Straße, die Ostermeyer-Passage mit dem Oma-Café, Hut-Brömme und einem Zigarrenladen. Woolworth gab rein vom Namen her einen vermeintlichen Blick frei auf die weite Welt, die es so in der Innenstadt nirgends gab. Für mich als Kind war das alles ein Mikrokosmos, bestehend aus Verkehrslärm, Gestank, skurrilen Typen, dicken, freundlichen Verkäuferinnen und gefährlichen Kreuzungen.

In den 80ern wurde dem Verkehr ein Ende gesetzt. Wie auch den kleinen unbedarften Alltagsläden. Der Mainstream zog ein, der Charme zog aus. Sich heute dem Altstadtkern zu nähern birgt Gefahren. Mit Fußgängerzonen ist es ja so: Kennt man eine, kennt man alle. Die Fuzo, ein Kettenkarussell. Kaffee-Ketten, Drogerie-Ketten, Bäckerei-Ketten, Mode-Ketten, Brezel-Ketten, Bücherei-Ketten, Metzgerei-Ketten... dazwischen sehr bemühte Versuche, dem Ganzen urbanes Leben und Diversität einzuhauchen. Das wirkt dann wie die Kulisse eines Films, dem während der Produktion vorschnell das Geld ausging. Man kennt das von überall. In schwachen Momenten erträgt man es stoisch, in sehr schwachen fällt einem das konstruierte Elend fast gar nicht auf.

In der Nürnberger Innenstadt verteilt sich das schwerpunktmäßig auf vier Straßen. Da wäre die Königstraße, die direkt vom Bahnhofsplatz aus den Weg Richtung Innenstadt/Altstadt weist, die Lorenzkirche streift und am Hauptmarkt ihr berechtigtes Ende findet. Warum die Straße was mit König zu tun hat, fragt man sich nach wenigen Metern. Es ist, weil weiland die Könige und Kaiser hier nach der Krönung zum Rathaus paradierten. Damals hatten sie Glück, dass die Wegstrecke noch nicht derart mit Hässlichem verhunzt war. Ihnen als heutigem Tourist bleibt dieses Glück verwehrt. Heute dient die Straße vielleicht als Symbol dafür, wie es um die Monarchie im Allgemeinen bestellt ist. Verarmten Adel gibt es ja inzwischen zuhauf. Trost spendet zur Linken die St. Klarakirche, durch sie verläuft die Heinrichslinie, an der man sich angeblich positiv aufladen kann. Ein Ort, an dem sich meditieren lässt, um den Weiterweg zu ertragen. Als Tourist ist man ja grundsätzlich erst mal für alles dankbar. Man stellt das investierte Geld nicht gleich zu Beginn des Städtetrips in Frage. Außerdem hat Sie

der Bahnhofsplatz mit Sicherheit schon mal konditioniert. Der ist visuell ein strategischer Schachzug, weil man denkt: Es kann nur noch besser werden. Wer meint, unterirdisch durch die Königshofpassage dem Elend zu entkommen, läuft Gefahr, organisierter Bettelei in die Arme zu laufen oder angepöbelt zu werden oder beides. Der Platz soll verbessert werden, da gibt es Pläne – aber ich kenne das mit fränkischen Plänen und halte mich da bedeckt. Jetzt erst mal rein ins Vergnügen, vorbei am früheren KOMM, das danach K4 hieß und heute KunstKulturQuartier, weil sich das besser ausspricht. Linker Hand jetzt das Neue Museum, WeltstadtArchitektur. Nach der Mauthalle zweigen drei Shoppingschneisen nach links ab: Breite Gasse, Karolinenstraße und Kaiserstraße, sie sind ein Symbol der Drei-Klassen-Gesellschaft.

Am Neuen Museum

Die Breite Gasse fischt das junge Publikum ab, lärmende Läden, Schnellimbiss, unnützer Plunder, fishing for consuments. Die Karolinenstraße ist die komplett überraschungsfreie Wohlfühlzone des Durchschnittskonsumenten, beliebig und austauschbar. Es lohnt einzig der Blick auf die Rosette der Lorenzkirche. In der Kaiserstraße wiederum hat die Pachtspekulation ganze Arbeit geleistet, für eine natürliche Auslese gesorgt und Otto Normalverbraucher über weite Strecken an die Wand gespielt. Denn wer hier das Geld hat, sich geschäftlich niederzulassen, der braucht auch die passende Kundschaft. Pepe,

Renè Lezard, Bogner, Van Laack, Louis Vitton, Milano... Läden, deren Schaufensterdekos oft nicht erkennen lassen, was eigentlich das Kernthema im Inneren ist. Was Nettes vor der Lorenzkirche ist der Tugendbrunnen, ein Brunnen mit Jungfrauen, denen Wasser aus den Brüsten spritzt, gelebte Erotik aus dem Mittelalter. Heute nur noch übertroffen von Jürgen Drews Frau, die vor davonlaufender Kamera ihre ewig milchenden Titten präsentiert. Vor der Lorenzkirche gab es das Duda-Eck. Es war jahrzehntelang ein Treffpunkt und Sammelort für alle, die abends innenstadttechnisch auf die Pirsch wollten. »Dreffmer si am Duda-Egg, ummer halwer!« Alleine, dass sich »Duda« für den Franken komplett kollisionsfrei aussprechen ließ, trug dazu bei, dass dieses Schuhgeschäft zum zentralen Startloch allem nächtlichen Tuns wurde.

Hotspot Lorenzkirche

Vorbei. Eine austauschbare Drogerie-Kette hat den Ort okkupiert. Weiter unten an der Museumsbrücke hat Giorgio seine Bar, ein grauhaariger, gut gelaunter und humoriger Italiener, ein Super-Typ, der für seine Klientel nicht zwingend zur Verantwortung gezogen werden kann, ansonsten dürfte ich ihn nicht mögen. Denn hier wie in anderen angesagten Innenstadt-Cafés sitzt die mittelfränkische Geschäftswelt nebst überzüchteten Frauen hinter Weißwein oder gerade angesagten In-Getränken. Ein Typen-Kabinett erster Güte. Midlife-Crisis meets Fettleber. In Konkurrenz zur eigenen Verfaltung wringen sie sich den letzten Rest nicht mehr vorhandener Jugendlichkeit aus den Sakkos und schwadronieren laut und lästig über ihr Leben, das nicht mehr recht so sein will, wie sie es gerne hätten, nämlich jung, dynamisch und weltoffen. Setzen Sie sich bei Sommerwetter dennoch draußen dazu in dieser touristischen Kernzone. Staunen Sie über das, was da alles an Ihnen vorbeiläuft. Beobachten Sie den Selfie-Contest an der Brückenmauer gegenüber mit dem Heilig-Geist-Spital als Hintergrund. Ich mache das hin und wieder gerne und habe meinen perfiden Spaß! Würde alles was jemals auf dieser Welt fotografiert wurde gleichzeitig verschwinden, dieser Ort wäre einer der ersten, der weg wäre. Und wenn Sie eine Stunde übrig haben, dann laufen Sie an der Pegnitz entlang zur Insel Schütt. Da gab es im Mittelalter neben einer Reiterschule ein Holztheater mit mehreren Tausend Zuschauern, Artisten lieferten sich auf Hochseilen Duelle, es war spektakulär. Heute breitet sich da, finanziert mit Sponsorengeldern, zur Sommersaison jährlich der sogenannte Stadtstrand aus. Da erwarten Sie Beach-Sports, Lounge-Areas, Family-Areas, eine Pool-Lounge mit Beach Equipment, wie Palmen, Strandkörben und Beduinenzelten auf

An der Pegnitz

feinstem Kaolinsand, sowie Games... alleine die Bezeichnungen müssten zur Abschreckung ausreichen. Sie tun es nicht. Weil sie irgendwie was von Großstadt-Event suggerieren. Und so hängt der Franke dann da zuhauf ab und fühlt sich megacool, wenn er zu passender Musik auf dem Barhocker hockt und mit nackten Füßen in irgendeinem Wasser herumkreiselt.

Am Trödelmarkt

Kaum fünf Minuten weiter ist die »Meisengeige«, eine Kneipe mit dem kleinsten Kinosaal der Stadt, wenn nicht Bayerns, 1970 von Wolfram Weber eröffnet. Für mich einer der Absturzorte bis weit in die 80er hinein. Viele Jahre später trieb es mich mal wieder vorbei, und ich blickte in die gleichen, inzwischen frustriert grau patinierten Gesichter der Alt-68er, die wie damals alles um sich herum für das eigene offensichtlich verrutschte Leben verantwortlich machten, eine groteske Tristesse. Flucht. Inzwischen verjüngt sich das Publikum wieder etwas, das Leben kehrt zurück, und gute Filme abseits von Blockbuster und Co. gibt's da allemal, Gott sei Dank. Die Geige bleibt, Wolfram Webers Feigenblatt, der längst mit dem Mega-Eventtempel »Cinecitta« Deutschlands größten Kinokomplex am Laufen hält.

Suu läffd sis aa

Wer außerhalb der Gängigkeit die Altstadt mal anders erleben will, sollte sich an ein Bild von Paul Klee erinnern: Hauptwege und Nebenwege. Jeder kluge und neugierige Tourist läuft auch mal parallel zu den Mainstream-Routen, schlägt sich durch die Seitengassen in die Büsche und sieht dann die Stadt so, wie sie wirklich ist.

Nix to go... hier ist man to stay!

In Nürnberg gehen Sie da vom Hauptbahnhof über den Klarissenplatz in die Luitpoldstraße, schieben sich da auf dem Weg im »WurstDurst« wider Nürnberger Klischees tatsächlich eine Currywurst mit Pommes rein, denn eine bessere bekommen Sie in der ganzen Region nicht. Über den Kornmarkt biegen Sie in die Krebsgasse ein, kreuzen die Breite Gasse und stoppen in der Fortezza-Bar. Ein exzellenter Espresso hilft da, die Currywurst aufzuarbeiten und die folgenden Meter bis über den Josephsplatz hinaus erträglich zu machen, die außer gängigem Geschäftsgebaren nix zu bieten haben. Sollten Sie die Hutergasse finden, wird es wieder spannender. »Chocolat« heißt der Laden links. Dringend reingehen! Die grundsympathische Sandra Calabrese lässt alles von Milka bis Lindt alt aussehen, denn hier gibt's Schokolade aus aller Herren Länder in allen Variationen vom allerfeinsten nebst höchst kompetenter Beratung. Und der Kakao im

»Chocolat« ist eine heiß empfohlene Sünde! Und bestens geeignet, den Espresso zu verdauen. Ein Kuriosum ein paar Meter weiter ist der »Tante-Emma-Laden«, der auch so heißt und von Mohammed aus Bangladesh betrieben wird. Das einzige, was es in dem vollgestopften Laden nicht gibt, sind Surfbretter und Betonmischmaschinen. Holen Sie sich hier eine Flasche Mineralwasser, um diese aussterbende Einzelhandels-Spezies zu stützen und den Kakao zu neutralisieren.

Zu Gast bei Mohammed

Die Obere Wörthstraße, ein paar Meter weiter, ist ein schönes Stück Nürnberg: eng, Fachwerk, viele kleine Läden… darunter die knallenge »Buchbinderei Ringer«. Frau Heim ist eine Einzelkämpferin und ihr Geschäft längst kein Geheimtipp mehr, dafür ist sie einfach zu gut und zu einzigartig, was Beratung in Sachen individueller Buchgestaltung, Kalender, Terminplaner (nieder mit den Digitalen!), Notizbücher und Bilderrahmen angeht. Und das Zeug ist dabei gar nicht so viel teurer als gängige Industrieware.

Sie befinden sich jetzt auf schönem Terrain. Hier ruht die Zeit. Wenn Ihnen danach ist, schlendern Sie die Straße einmal rauf und runter. Galerien, ein netter kleiner Friseurladen, ein um die Existenz kämpfender Metzger, der womöglich wie das gerade beerdigte Café Violetta die Drucklegung dieses Buches nicht überlebt, ein Uhrmacher. Und die Kneipe »Kloster« natürlich, ein Bier ist da obligat. Gutmann, Huppendorfer oder Held, wurscht. Hauptsache, das doch lasche Mineralwasser versinkt in der Erinnerung.

Kettensteg

Hunger? Gut, über den Unschlittplatz in die Obere Kreuzgasse, gut versteckt mitten im Wohngebiet steht die »Vetrina Toscana«. Und in ihr steht der junge, voluminöse Römer Paolo. Seit wenigen Jahren bietet er hier hervorragende Weine, Vorspeisen, Gemüse und Büffelmozzarella aus einem toskanischen Bergdorf, das außer ihm keiner kennt – alles überwiegend biologisch. Bestens geeignet, um den elenden Biergeschmack zu eliminieren. Das Publikum hier ist streckenweise gewöhnungsbedürftig, manch dreiviertellauter Rechtsanwalt oder Immobilienhengst verlebt hier seinen Burnout, die Salami jedoch ist einfach eine Sensation, ebenso der Prosecco... wass dannauch zum Broblehm wern kann, da underumständn die Arbeit drunderr leidet. Torkeln Sie einfach weiter über den Kettensteg, dessen Schwankungen Sie sich nicht einbilden. Sie ist die älteste Ketten-Hängebrücke Deutschlands und vom Architektenverein »Baulust« mit einer gesammelten Million vor dem Abriss gerettet worden, nachdem sie mal besoffene Studenten dermaßen aufgeschwungen haben, dass sie mit Stahlbohlen gestützt werden musste. Biegen Sie in die Weißgerbergasse ein und erleben Sie schönstes Nürnberger Altstadt-Flair! Sie passieren das »Mata Hari«, diese skurrile kleine Kult-Bar mit Bühne, ein bespieltes Wohnzimmer mit Tuchfühlung, zu allem und jedem. Sie treffen auf das »Glasatelier« von Mary Sych in der Lammsgasse, auf Antiquitätenhändler oder finden mit etwas Geschick den Blumenladen, dessen Ladenhüter quasi im Dunkeln Blumen verkauft, die da gar nicht überleben dürften. Richtig bekannt und entsprechend reservierungsbedürftig mit Wochen Vorlauf, da klein und fein: das »Essigbrätlein« am Weinmarkt 3, ein schmales, altes Fachwerkhaus. Hier isst man Kunst auf Tellern, geadelt mit zwei Michelin-Sternen, Aromaküche vom Allerfeinsten mit Produkten aus der Region! Das Team um Andree Köthe und Yves Ollech zaubert Ihnen da ein Menü, das Sie so schnell nicht vergessen, von den

Lebensraum

Weinen ganz abgesehen. Dass das Ganze den Rand der Dekadenz streift, sollten Sie in diesen Genussstunden einfach vergessen. Der Preislage des Abends wegen werden Sie als Normalsterblicher eh kein Dauergast sein. Der Mittagstisch ist übrigens eine etwas erschwinglichere Variante.

Zwillingstürme

Alternativ dazu, falls Ruhe gewünscht, gehen Sie vom Maxplatz aus ein paar Treppen rauf auf die Burgmauer und spazieren durch den Kräutergarten zum Neutorzwinger, bestaunen die Altstadtumrandung des Baumeisters Fazzoni, deren runde Wehrtürme so einzig sind und damals Zeichen einer verbesserten Geschütztechnik waren. Und Sie bestaunen gleichzeitig den wohl berühmtesten Schwarzbau im Heiligen Römischen Reich. Denn die Nürnberger Patrizier ließen hier die Mauer auf dem Land der Hohenzollern errichten. Die beschwerten sich beim Kaiser, der zögerte jedoch, bis das Ding fertig und vollendete Tatsachen geschaffen waren. Da ging dann Mitte des 17. Jahrhunderts der Krieg los, den die

Patrizier gewannen, jedoch geschwächt. Ich weiß nicht, ob die Mauer das wert war. Allemal wert ist es, am Neutorzwinger in den Bürgermeistergarten einzuschwenken und durch den Rosengarten romantisch zur Burg hochzuschlendern, um dann auf dem Tiergärtnertorplatz mit einem lecker Bier die Salamireste endgültig nach unten zu spülen.

Zentral und gut

■ Kloster Bar
Obere Wörthstraße 19 · 90403 Nürnberg

■ Vetrina Toscana
Obere Kreuzgasse 15 · 90403 Nürnberg · 0911-49021607
Montag bis Samstag 8 – 24 Uhr
www.vetrinatoscana.de

■ Chocolat
Josephsplatz 26–28 (Eingang Hutergasse) · 90403 Nürnberg
Januar bis Oktober: Montag bis Samstag 10 – 18 Uhr
November bis Dezember: Montag bis Samstag 10 – 20 Uhr
www.chocolatnuernberg.de

■ mata hari
Die kleinste schönste Bar Nürnbergs

Weißgerbergasse 31 · 90403 Nürnberg
Mittwoch bis Samstag ab 20 Uhr
www.mataharibar.de

■ Vini e Panini da Giorgio
Königstraße 2 · 90403 Nürnberg · 0911-2110697

■ Fortezza Bar
Krebsgasse 2 · 90402 Nürnberg · 0911-80192164
Montag bis Samstag 9 – 20 Uhr

■ Buchbinderei Ringer
Obere Wörthstraße 13 · 90403 Nürnberg · 0911-224217
Montag bis Freitag 9.30 – 12 Uhr + 13 – 18 Uhr · Samstag 12 – 15.30 Uhr

■ Restaurant Essigbrätlein
Weinmarkt 3 · 90403 Nürnberg · 0911-225131
Dienstag bis Samstag 12 – 15.30 Uhr + 19 – 1 Uhr
www.essigbraetlein.de

Die Pegnitz

Die Bengerz, wie sie eigentlich in Nürnberg genannt wird, hat es mit den Einwohnern nicht immer gut gemeint. Zuletzt 1909 überflutete der Fluss fast die gesamte Altstadt, es war die größte von etlichen kleineren Katastrophen. Ansonsten hat das Fließgewässer nur Gutes zu bieten, und das Thema Hochwasser ist längst vom Tisch, dank ausgeklügelter Wehrtechnik und diverser Umformatierungen des Flusslaufs. Zudem wurde viel Wiesengrund erhalten als Auffangraum größerer Wassermassen. Im Stadtteil Wöhrd ist der Fluss aufgestaut zum Wöhrder See. Auf ihm müht sich eine »Mäh-Kuh« ab, die optische Karikatur eines Schiffes und wahrscheinlich einmalig in der Republik. Ihr Job ist es, des immerwährenden Algenwuchses Herr zu werden. Am Ufer müht sich ein künstlicher Stadtstrand ab, der Verscheißung durch Federvieh Herr zu werden. Da wurde dann ein Zaun gezogen in der Hoffnung, das Geflügel erinnert sich nicht daran, dass es fliegen kann. Ein Irrtum. Quer durch die Stadt zieht sich mit dem Fluss ein grünes Band, einzig in der Altstadt kurz unterbrochen, und ich darf sagen: Das Pegnitztal ist schlicht schön. Diese grüne Lunge hat für jeden was im Angebot. Das Naturbad Langsee mit FKK-Bereich, Wiesen für Fußball, dann das »Erfahrungsfeld der Sinne« an der Wöhrder Wiese, das hält, was der Name verspricht. Ein Draußen-Parcour nicht nur für Kinder, der jedes Jahr mit neuem Motto die Natur spür- und begreifbar macht. Und wer Richtung Osten über das Hammerschloss zur Satzinger Mühle und weiter radelt ins Nürnberger Land hinaus, hat das Gefühl, weit, weit weg vom Getümmel zu sein. Da gibt es wirklich herrliche Wege am Fluss entlang, ein Paradies für Radler, Jogger, Spaziergänger und Sonnenanbeter. Bei Laufamholz soll das Pegnitz-Ambiente Naturschutzgebiet werden. Und darüber gibt's natürlich wieder fränkisches Gezänk, ausgehend von Hundebesitzern, die fürchten, ihre Vierbeiner könnten nicht mehr frei herumlaufend die Wiesen vollkacken. So oder so bleiben die Flusskilometer ein lebendiger Ruhepol mit besten Verweil-Ecken.

Heimatministerium

Ja, in Nürnberg gibt es, einmalig in der Republik, ein Heimatministerium. Untergebracht im Gebäude der ehemaligen Bayerischen Staatsbank am Lorenzer Platz. Ein schmuckes denkmalgeschütztes Haus, jetzt mit Beflaggung noch schmucker, Eigentümer ein stadtbekannter Immobilienjongleur, Monatskaltmiete 50.000 Euro. Ministerpräsident Horst Seehofer begründete

Eintritt frei!

die Wahl Nürnbergs für einen zweiten Amtssitz so: »Dies ist ein historischer Schritt zur Gleichwertigkeit der Regionen in Bayern.« Der ist auch dringend nötig, denn mit einer Armutsquote von rund 20 Prozent und einer Arbeitslosenquote von 6,8 Prozent ist Nürnberg spitze im Freistaat. Die Wahl Nürnbergs als Ministeriumsstandort soll dann auch »mehr Arbeitsplätze zu den Menschen« bringen. Da hat sich der Silberrücken viel vorgenommen. Und für Nürnberg, die Erfinderstadt, gilt deshalb wie für keine zweite das Sprichwort: »Not macht erfinderisch«. Klingt also alles erst mal gut. Nur das mit dem »Arbeitsplätze zu den Menschen bringen« birgt einen Wortverdreher. In der Hauptsache bringen sich da nämlich Menschen von woanders her zu ihrem Arbeitsplatz ins Heimatministerium. Dutzende Münchner Beamte pendeln rauf und runter, fördern Autobahnraststätten, Zapfsäulen und die ICE-Bistros. Einzig für den Chef des Ministeriums, den Nürnberger Markus Söder, ist die Lage eine praktische. Kann er doch seine Heimatschutz-Termine auf Freitag legen und von da aus dann auf kurzem Weg ins lange Wochenende starten. Montag ist auch wieder Heimattag, und von da aus geht's dann wieder nach München ins Finanzministerium. Das spart unnötiges Privatgefahre und macht das Weekend ein paar Stunden länger. Mehr Zeit für die Liebe und die liebe Familie. Wenngleich der Wert des Ministeriums unterschiedlich eingeschätzt wird – die einen sagen: »Das braucht's nicht!«, der Rest sagt: »Das bringt nix!« –, geht es mit ambitionierten Zielen einher. So kümmert es sich im ländlichen Raum um den demografischen Wandel und die Landesentwicklung.

> Wennzd derhamm vur Noud ka Broud hossd unnin Kubf vull Woud bloudroud hossd. –
> Is däss ned der allerschännsde Dialeggd?

Dazu gibt's freies Breitband-WLAN. Jeder Reiterhof wird mit einem Hü- und Hotspot ausgestattet, und Nürnberg wird das Zentrum für digitale Produktion.

Und wem das alles zu schnell geht: Im Ministeriumsgebäude hat Herr Söder den Tresorraum in einen »Raum der Stille« umgewandelt. Ein dringend benötigter Rückzugsort für die Beamtenschaft, der ihr hyperaktiver ADHS-Chef vielleicht doch hin und wieder ein wenig zu hektisch und laut ist. Oder der Chef persönlich kann hier in tiefe Meditation darüber versinken, wo denn echte Arbeit für die zweiundzwanzigtausend arbeitslosen Nürnberger herkommen könnte.

Ein Muss für alle Nürnbergbesucher

Das Bayerische Staatsministerium der Finanzen, für Landesentwicklung und Heimat, kurz Heimatministerium, in der Bankgasse 9, 90402 Nürnberg.

Die Anreise
Mit dem Auto

Alle Wege führen zum bayerischen Sonnenkönig und baldigen Landesvater (Gott bewahre!) Markus Söder und seinem Heimatministerium. Auf allen deutschen Autobahnen sind übersichtliche Hinweisschilder angebracht, die Sie sicher ans Ziel bringen. Markus Söder wird Sie persönlich empfangen und anschließend so lange, bis Sie sich nicht mehr wehren können, in Landessitten und Gebräuche und die Segnungen seiner Politik einführen.

Parken können Sie in der Tiefgarage Findelgasse in der Findelgasse 4, 90402 Nürnberg, oder im Parkhaus Katharinenhof in der Katharinengasse 14, 90403 Nürnberg, oder im Parkhaus Adlerstraße in der Adlerstraße 4, 90403 Nürnberg.

Mit der Bahn

Mit der Bahn können Sie selbstverständlich umsonst anreisen. Teilen Sie dem Schaffner einfach mit, dass Sie ins Heimatministerium wollen, und alle Signale werden auf Grün geschaltet. Getränke und Essen im Bordbistro sind frei. Ab Hauptbahnhof Nürnberg nehmen Sie dann die U 1 Richtung Hardhöhe bis Haltestelle Lorenzkirche Ausgang Königstraße.

Mit dem Flugzeug

Am einfachsten ist die Anreise aus aller Welt natürlich mit dem Flugzeug. Gerade dann, wenn Sie etwas weiter weg wohnen, zum Beispiel in Heroldsbach.

Am internationalen Albrecht Dürer Airport wird Sie Markus Söder mit allen Ehren und unter Aufbietung der Ehrengarde der Bayerischen Gebirgsschützen (Böllerschützen und Ehrenmitglieder: Edmund Stoiber, Horst Seehofer, und Papst em. Benedikt XVI.) in Empfang nehmen. Von da geht es gemeinsam mit Herrn Söder weiter in der Sänfte, mit dem Heißluftballon, dem Hubschrauber oder wahlweise hoch zu Ross.

In Planung: Kamel-Pendeldienst, sofern Elefanten alle sind. Beamen und Klonen in Arbeit! (Digitales Zentrum Nürnberg!)

Mit dem Schiff

Das Ministerium liegt nah der Pegnitz. Eine kreuzfahrtschiffstaugliche Abzweigung vom Rhein-Main-Donau-Kanal ist in Vorbereitung. Bis dahin mit Ruder- oder Paddelboot zur Anlegestelle direkt am Unteren Bergauerplatz. Von da aus bequem zu Fuß in 5 Minuten über die Nonnengasse, rechts über den Oberen Bergauerplatz in die Findelgasse und dann links in die Bankgasse (!) zum Ministerium.

Dieses Kapitel
gelesen von Bernd Regenauer

Is Bier

Bedienung:	Und, wäih schaudzn aus? Woss griengsn nochädd?
Gast:	Ich hädd gern was gessn.
Bedienung:	Zäschd die Gedränke!
Gast:	Äh... a Bier.
Bedienung:	Bils, Hefe, Ald, Keller, Weizn?
Gast:	A glanns... gäihd a glanns aa?
Bedienung:	Woss für a glanns?
Gast:	A glanns Bier.
Bedienung:	A Bils?
Gast:	Homms nix andersch?
Bedienung:	Schauers hald in die Kaddn!!!
Gast:	Ach, gehmsmer a Cola...

Wer es tatsächlich noch nicht weiß, dem sei es hier ins Stammhirn gemeißelt: Franken hat die höchste Brauereidichte der Welt! Versprochen und verbrieft!

Der Franke trinkt sein Bier gerne, ausgiebig und mit großer Leidenschaft.

Und das fränkische Bier ist das weltweit beste. Hier alle besten Biere aufzuführen, hieße, nichts Anderes mehr aufzuführen, und selbst dann würde es den Buchumfang komplett sprengen. Das zum einen als Entschuldigung, zum anderen als strikte Aufforderung respektive Befehl an alle Franken-Besucher, sich zumindest während eines Aufenthalts hier in der Region von jeglicher hopfiger Industrieware fernzuhalten!! Das gilt für die Stadt wie das Drumrum.

Meine absoluten Favoriten sind:
Hoffmann, Held, Gundel, Ammerndorfer, Fäßla, Huppendorfer, Hetzel, Winkler, Hofmann, Krug, Wurm, Griess, Lindenbräu, Keesmann, Wiethaler, Pyraser, Mahr's Bräu, Wehrfritz, Meister, Weißenoher, Kanone, Neder, Roppelt, Ott, Nikl, Reh, Pfister, Simon, Schleicher, Schlenkerla, Eichhorn, Hebedanz, Spalter, Brandmeier, Faust, Alt, Bub, Fischer, Först, Reichold und Rittmayer. Aber die restlichen paar Hundert sind meist auch nicht übel.

Sie werden glücklich. Und die Privatbrauereien werden es mit Ihnen.

Dou schmeggd is Seidler

■ Altstadthof Nürnberg
Bergstraße 19/21 · 90403 Nürnberg · 0911-2449859
Täglich 11 – 1 Uhr
www.hausbrauerei-altstadthof.de

■ Landbierparadies
Wodanstraße 15 · 90461 Nürnberg · 0911-468882
Täglich von 17.30 – 1 Uhr, Freitag ab 14 Uhr · Samstag ab 12 Uhr
Sonntag & Feiertag ab 10 Uhr
www.landbierparadies.com

So geht man mit fränkischem Bier nicht um…

Platz da!
Geplatzte Chancen

Eines der großen und unlösbaren Rätsel in Nürnberg ist das Desaster der öffentlichen Plätze! Eine städtebauliche Katastrophe. Warum geht das hier nicht? Waren die Nürnberger, jedem raschen Fortschritt abhold, zu lange dem Troglodytendasein verpflichtet, den vorzeitlichen Höhlenbewohnern? Der Troglodyt, der Angst hatte vor der großen weiten Welt und sich deshalb gerne verschanzte. Der jedes Geräusch aus einer Nebenhöhle bereits als Bedrohung empfand. Er trat höchst ungern aus seiner Behausung, weil im Freien nur Gefahren lauerten. Gut möglich, dass hier die Wurzel des Platz-Übels zu finden ist: kein Bedarf an schönen Plätzen, an Sitzbänken oder Bäumen, die den Blick auf die Auslagen der Geschäfte stören könnten. Sich irgendwo draußen hinsetzen und einfach mal bloß gar nichts tun – nein! Bloß nicht dahin gehen, wo andere einen sehen könnten.

Und die Nachkriegsstadtarchitekten sahen sich dieser Höhlentradition verpflichtet. Einer der potentiell schönsten, heimeligsten Plätze könnte der Egidienberg rings um die Egidienkirche sein. Immerhin steht da ein gewaltiges Reiterdenkmal – Kaiser Wilhelm I. – und es gibt sogar ein paar Bäume. Und was passiert? Autos dürfen dort bis an die Kirchenaußenwand hinparken. Und noch schöner: Irgendwann stellte die Stadt ein paar solide Sitzbänke auf – mit Blick auf parkende Autos. Wunderbar. Jeder freie Quadratzentimeter: Autos. Abmarsch.

Der geografische Mittelpunkt Nürnbergs ist der Maffeiplatz.

Wir wissen das dank unseres Heimatministers Markus Söder, und schließlich wuchs er nur 200 Meter davon entfernt auf. Söder liebt Mittelpunkte. Und er steht auch gern drin. Sollten Sie als Tourist Interesse finden, Nürnbergs Mittelpunkt aufzusuchen, so tun Sie das. Sie werden aufs angenehmste enttäuscht sein. Mittelpunkte suchen sich nämlich ihren Platz nicht nach ästhetischen Gesichtspunkten aus. Sie sind einfach da, wo sie sind. Die Burg als Mittelpunkt wäre ein Volltreffer gewesen. Auf dem Maffeiplatz stehend, werden Sie dagegen mit nicht geringer Wahrscheinlichkeit überfahren. Er ist im Grunde eine Straßenkreuzung. Der Grünstreifen daneben mit ein paar Parkbänken symbolisiert den Platz, auf dem keiner freiwillig seine Zeit verbringt. Wenn es anderswo heißt: »Leichen pflastern seinen Weg«, so sind es in Nürnberg quicklebendige Menschen, die unaufhörlich Wege pflastern, mit Inbrunst und Leidenschaft. Das bekam auch der Lorenzer Platz zu spüren. Ergebnis: nicht Fisch, nicht Fleisch, kein Schatten, keiner sitzt da, nur die Bank. Und die steht.

Der Plärrer war einmal ein lebendiger Platz. Jetzt ist er ein vollkommen ungestalteter Durchlauferhitzer für Autokolonnen und Straßen-Bus-und-U-Bahn-Nutzer. Eine Mobilitätseinöde erster Güte. Dabei war der Plärrer einst, als die Stadttore noch auf- und zugemacht wurden, ein Ort für fahrende Händler, Gaukler und sonstiges Volk, das nicht in die Stadt hineindurfte, um den ansässigen Zünften und Kaufleuten keine Konkurrenz zu machen. Und von daher kommt der Name »Plärrer«: Er hat tatsächlich zu tun mit dem Schmähwort »plärren«. Geplärrt wurde an diesem Ort einst, um die angebotenen Waren so laut wie möglich anzupreisen. Einen Plärrer gibt es aber auch etwa in Augsburg, und den hat Bert Brecht in einem frühen Gedicht sogar mit Liebe und Spott besungen! Poeme über Nürnbergs Plärrer sind mir nicht bekannt. Auch der Platz vor dem um 1900 als wuchtiges Bauwerk im neobarocken Stil hingewuchteten Bahnhof konnte bis heute nicht irgendeine Gestalt annehmen. Stattdessen steht vor dem linken Hauptportal die Karikatur einer Überdachung. Ein stilistischer Faustschlag, der ausschaut, als hätte ein einfallsloses Faller-H0-Modell Pate gestanden. Hinter dem Bahnhof wiederum dämmert Trostlosigkeit vor sich hin. Nelson Mandela würde sich im Grab herumdrehen, wüsste er, dass genau dieses zugeparkte Etwas nach ihm benannt wurde. Und die Apartheid würde jubeln.

Am Friedrich-Ebert-Platz führen zwei Rolltreppen und ein idiotisch hingestellter Aufzug an unsinniger Stelle zu einer unterirdischen Straßenbahn, die nie gebaut wurde, während eine einfache Treppe die Hauptlast an Fahrgästen zu tragen hat, die aus der U3 aussteigen. Und, als wäre es nicht genug, setzt der oberirdische Schachteingang Akzente, die mit gesundem Menschenverstand unvereinbar sind. Die schöne Front eines Jugendstilhauses wurde

Stellplatz

durch das Hochziehen dieses unfasslich dämlichen U-Bahn-Zugangblocks visuell völlig vernichtet, die Pide-Flachbauten gegenüber abgerissen und ersetzt durch einen neuen Flachbau mit gülden schimmernder Front von faszinierender Hässlichkeit. Es wirkt wie die misslungene Karikatur eines zugekifften Cartoonisten. Und man ist geneigt zu sagen: Ja, hier am Friedrich-Ebert-Platz ist der Blinde unter den Einäugigen König. Zu allem Überfluss wurden in Sachen U-Bahn-Eingangs-Ästhetik Maxfeld und Kaulbachplatz in optische Sippenhaft genommen. Lichtblick in Nürnbergs Norden einzig der Koberger Platz mit seinem wöchentlichen Biomarkt. Hingehen und durchschnaufen! Würde ich Gedichte schreiben, dann über einen Platz, der fast keiner ist und den kaum einer kennt. Es ist der Johann Adam Reitenspieß-Platz in Zabo, dem Kürzel für das Stadtteilchen Zerzabelshof. Er liegt im Herzen von Zabo und ist seit wenigen Jahren mit fast 60 Blechsitzbankplätzen ausgestattet! Direkt neben der betriebsamen alten »Zabo-Linde«. Die Zeiten haben sich geändert, und selbst in Zabo, wo fränkischer Fleiß und mittelständische Gediegenheit immer noch zu Hause sind und die Milch der frommen Denkungsart literweise getrunken wird, wagen sich immer mehr Anwohner in den riskanten öffentlichen Raum und setzen sich hin. Selbst wenn der Blick nur auf das Edeka-Einkaufszentrum »Louzil« gerichtet werden kann: Man sieht mit Interesse, was die Nachbarn alles so einkaufen. Der Platz ist auch lauschiger Ort für die rockmusiklastigen Stadtteilfeste – der heftige Autoverkehr rauscht da harmonisch vorbei, Vetters Imbisswagen serviert den Hot Dog mexikanisch mit Chilibohnen, Senf, Ketchup und Röstzwiebeln. Eigentümlich. Irgendwie.

> Zäich di, schleich di, troll di, roll di, schau dassd weiderkummsd, du Doldi. Is däss ned der allerschännsde Dialeggd?

Tüchtig mag er sein, der Nürnberger, seetüchtig ist er nicht. Und so mutet es wie pure Ironie an, was als begnadetes Architekturkonzept am Leipziger Platz mit städtischer Absegnung Wirklichkeit wurde: ein monströser Gebäudekomplex rings um den Platz, der ausschaut wie eine riesige Autofähre in Piräus und so deplatziert wie ein fünfstöckiges Kreuzfahrtschiff in der Lagune vor Venedigs Markusplatz. Aber wir sind in dem städtischen Wohnquartier mit dem ganz und gar nüchternen Namen »Nordostbahnhof«. Und die Ein- An- und Bewohner des diffusen, zu Schoppershof gehörenden Stadtteilchens mit seiner großen, sehr ordentlich renovierten Sozialsiedlung bevölkern das steinerne Areal des

Leipziger Platzes, sobald die Sonne scheint. Sitzzentrum ist eine Fertigteig-Backwarenstation mit raumgreifendem Freiluft-Café, das nun wirklich sesshafter Tummelplatz vieler Nationen ist. Aber wer glaubt, das fränkische Element sei hier nicht existent, irrt. Da haben sich längst Seniorenstammtische gebildet, die alles tun, nur nicht flüstern. Fränkische Sprachbrocken beherrschen hier eindeutig den Luftraum! Man kann einfach daneben sitzen und mitschreiben: Fertig ist das neufränkische Volksstück – leider nur mit den ewig gleichen Kalauern. Und wo genau findet hier die »fußläufige Nahversorgung mit Waren des täglichen Bedarfs« – wie es in schönstem Amtsdeutsch tatsächlich heißt – statt? Beim Türken namens »Za-Ra«, einem ausufernd großen Supermarkt mit enorm viel orientalischem Charme und Obst-Gemüse-Bergen zu Schleuderpreisen. Fast wie eine spröde, aber humane Antwort auf die Gnadenlosigkeit und Hermetik der Gebrauchsarchitektur des Platzes.

Der touristische Zielpunkt Nürnbergs ist jedoch immer noch der Hauptmarkt. Er war jahrhundertelang der größte gepflasterte Platz nördlich der Alpen. Und er ist in jedem Reiseführer hinlänglich beschrieben. Entsprechend rummelt es hier auch. Stehen Sie zur High-Noon-Zeit vor der Frauenkirche, was auch jeder Reiseführer empfiehlt, werden Sie Zeuge eines dramatischen Vorgangs: Zu seppprigen, komplett verstimmten Glockenklängen ruckeln da nämlich unterhalb des Turms ein paar geschnitzte Kurfürsten im Kreis herum. Und unten auf dem Markt stehen angetriggerte Touristen und versuchen verzweifelt, sich das ganze Pseudo-Spektakel schön- und vor allem interessant zu reden. Was nicht gelingt, aber keiner gibt's zu. Erwischen Sie einen der seltenen eventfreien Tage, stehen übrigens auf dem Hauptmarkt tatsächlich nette Marktstände fränkischer Obst-, Gemüse- und Käsehändler. Da hat das Ding ein gewisses Flair. Weil Nürnberg aber genau dort »Flexibilität« zeigen will, wo sie nicht gefragt ist, ist der Hauptmarkt ein Mehrzweckplatz, ein Ort mannigfaltiger Bespaßung. Er wird wahlweise zum Red-Bull-District für Radakrobaten, war Ort der Deutschen Leichtatlethik-Meisterschaften, er wurde für Beach-Volleyball mit Sand verfüllt, er wurde zur Schlittschuhbahn vereist, dazwischen Ostermarkt, Bio-Markt, Altstadtfest...

Und über allem wabert die ewige Diskussion, ob das gut ist oder schlecht, ob das sein darf oder nicht. Ruhe contra Kommerz, Bewahrer contra Erneuerer, Event contra Schnauze voll von alledem. Es wird nie enden, dafür sorgt die fränkische Seele. Genauso wie die den Verstand zerrupfende Diskussion, ob man die lächerli-

Trostpflaster

chen 80 Meter über den Platz für Radfahrer nun freigibt oder nicht. Verschwunden am Hauptmarkt leider längst, weil die Kundschaft ausgestorben ist, das legendäre Café Kröll, ein klassischer Ort für die Filterkaffee-Sahnetorte-Generation von Frauen in Kostüm mit Hütchen. Jetzt haust dort nicht die Provinz, sondern das »Provenza«, ein italienisches Restaurant mit authentischem Espressotresen, sogar diversen Zeitschriften und Blättern. Fast ein Kaffeehaus.

Denn dieses hat die Stadt nicht mehr zu bieten, seit das unvergessliche »Dante« im ehemaligen Gewerbemuseum, dem prächtigen Altbau vor dem Cinecittà, die Segel gestrichen hat.

Den Gipfel seines Seins erlebt der Hauptmarkt alljährlich mit dem Christkindlesmarkt, bei dem sich tausende Busladungen über den Platz ergießen und den Altstadt-Kernbereich für den Bewohner faktisch unbewohnbar machen. Die weltweite Werbung für den

Advent, Advent...

Christkindlesmarkt müsste unter Strafe gestellt werden oder zumindest von Menschenrechtsorganisationen geächtet. In den Stoßzeiten erinnert das mäandernde Geschiebe durch die Budengassen an Bilder der Tokioter U-Bahn zur Rushhour, wo Fahrgäste vom Personal in den Waggons zu Formfleisch zusammengepresst werden. Nur ganz hartgesottene Einheimische wagen sich während dieser Advents-Umsatz-Orgie noch in die Gefahrenzone, die sich da vom Rathaus bis zum Mautkeller ausbreitet. Es ist die Zeit, in denen auf LKWs in gigantischen Plastik-Containern hektoliterweise erlesener italienischer Rotweinverschnitt über den Brenner zu uns rollt. Die Plörre wird bei uns dann in mittelfränkischen Aufbereitungsanlagen zu Glühwein verdichtet. Prost. Unzählige Stände geben den Lebern der Hingebungswilligen über den Dezember hinweg keine Chance. Wer es ansatzweise besinnlich möchte: Gleich hinter dem Hauptmarkt liegt der Rathausplatz mit dem internationalen Markt der Partnerstädte, deren es etliche gibt: von Antalya über Charkiw, Córdoba, Glasgow und so weiter. Hier lässt sich gut sein, dank kulinarischer Vielfalt, wirklich interessantem Kunstgewerbe und deutlich stressfreierer Atmosphäre. Internationales Weihnachtsflair, 1985 ging's los mit ein paar Buden – inzwischen hat sich das zu einem Markt gemausert, der in diesem Umfang sogar über die Landesgrenzen hinaus seinesgleichen sucht.

Und es gibt noch einen Trost: Der vielleicht kleinste, aber eben auch wohl schönste Platz Nürnbergs wird zwar von einem zerknüllten Bronze-Dürerhasen bevölkert, aber ringsum ist pure altfränkische Idylle. Richtiges Fachwerk, jawohl! Es ist der Tiergärtnertorplatz. Da steht das mehrstöckige Haus eines nicht ganz unbekannten Renaissancekünstlers namens Dürer, der schon mal mit dem Vornamen Adolf in einer Kunstzeitung benannt worden ist. Und dann ist da ein wundervoller Ort nicht nur für Touristengucker: Das »Café Wanderer«, einst eine Pferdetränke. Eine räumliche Winzigkeit im Inneren, aber draußen, unter der üppig grünen Baumkrone, Tischchen und Sitze in geometrisch leichter Schräglage, ein Kleinod des Müßiggangs. Hier kann man bei entsprechender Witterung bis 24 Uhr sitzen und denken. Ein richtiges Café mit allem, was dazugehört: Kaffee und Espresso ohne Schnickschnack und Zusatzaromen, freundlichst mit Glas Wasser dazu serviert – und: keine Touristenmausefalle! Direkt daneben ordnet das »Bieramt« ganz unbürokratisch den Magenhaushalt mit regionalen Flüssigkeiten, nämlich erlesenen Landbieren und edlen Destillaten. Geht doch!

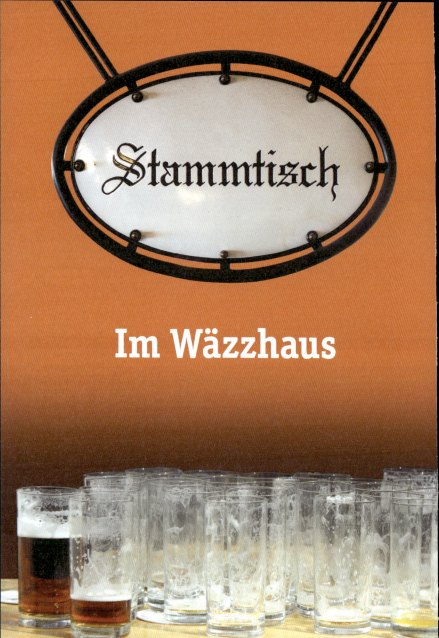

Im Wäzzhaus

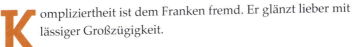ompliziertheit ist dem Franken fremd. Er glänzt lieber mit lässiger Großzügigkeit.

Gut erkennbar beim Bezahlvorgang im Wirtshaus.

Zwei Paare, Manfred und Ursula, Gerd und Waltraud, sowie eine Bedienung zeigen das in Reinkultur.

Manfred	Chefin, die Rechnung bidde!
Bedienung	Bin schon da. Geht das zusammen oder getrennt?
Ursula	Machn's getrennt bitte.
Bedienung	Getrennt. Das war dann bei Ihner…
Gerd	Gschmarri. Kumm, mach mer hald jede Partei die Hälft, is doch einfacher.
Manfred	Genau. Horngs, machen'ses durch zwei!
Bedienung	Durch zwei. Dann wärn däss…
Waltraud	Obber homm die ned nu in Nachtisch kabbd?
Gerd	Der Nachtisch, genau.
Manfred	Den kömmer doch extra machn. Könner Sie den extra…
Bedienung	Das warn drei Nachtisch…
Ursula	Ach, schdimmd, einen hatte ja ich.
Manfred	Dann ziehns blouß einen raus. Un der Rest ganz simpel durch die Mitte.
Gerd	Genau. Der klassische Teiler, fifty-fifty. Obwohl du ja vorhin noch gsachd hast, die Schnäps gehn auf dich.

Waltraud	Wissder woss? Dann machmer hald doch getrennt. Is glaub ich einfacher.
Bedienung	Also getrennt?
Manfred	Komm, is doch albern! Halbe-halbe, un tuns einfach einen Nachtisch zu denen rüber un die Schnäpse bei uns midd drauf!
Ursula	Moment, blouß nu schnell, wall wir grad dabei sind: Du warst das doch mit dem Fisch, gell?
Waltraud	Ja, wieso?
Ursula	Naa, ich mein ja bloß. Weil mir hattn ja nur den Schweinebratn. Un der is ja vom Preis her ...
Gerd	Dann ziehns die Differenz vom Fisch noch mit ab.
Bedienung	Wollns nicht doch lieber getrennt?
Manfred	Naa, so is doch einfacher. Den Fisch bei dener.
Waltraud	Naa, nur die Differenz!
Manfred	Was hat denn der Fisch gmacht?
Waltraud	Um die 13 warn däss, glaub ich.
Gerd	13? Dann tuns vier Euro glatt auf mich drauf.
Ursula	Genau. Un den Schnaps zu uns un vo die Nachtisch zwei weniger.
Bedienung	Wohin jetzt die Schnäpse? Auf Sie drauf?
Manfred	Naa! Sie hats doch grad gsachd! Die Schnäpse übernehm ich! Dafür ziehns den Nachtisch ab!

Schanzenbräu

Ursula	Zwei bloß, einer bleibt ja bei uns.
Manfred	Scho klar.
Gerd	Haben Sie es jetzt?! Das is doch ned so kombliziert, das gibts doch net!
Manfred	So, und beim Rest dann alles ab durch die Mitte, da tun wir doch ned lang rum.
Waltraud	Is gleicht sich beim nächsten Mal eh wieder aus.

Gerd	Wo simmern jetzt?
Bedienung	Bei Ihner 36,20 un bei Ihner wärns 38,10.
Ursula	Is da jetz der Nachtisch schon nüber grechned?
Bedienung	Jaa!
Waltraud	Wie viel war däss jetzt wieder?
Bedienung	36,20 und 38,10.
Ursula	Bei wem sind die 38?
Manfred	Bei uns. Hobb, geh her, mach mer a jeder 40.
Waltraud	40? Das wärn ja nochädd bei uns vom Trinkgeld drei achzich un bei Euch eins neunzig…
Manfred	Nou kriegt ihr von mir hald zwei Euro, dass a Ruh is…
Ursula	Obber 40 is eh scho ein wenig arg… oder was meinst?
Gerd	Nerja, was gehmern Trinkgeld?
Ursula	Ich mein, der Salat war scho gscheit zusammengfalln. Un die Klös, wennzt nimmst…
Waltraud	Also ich kann nix sagn, der Fisch hat gepasst.
Gerd	Woss gehmern jetzt?
Manfred	Weiß nicht. (zur Bedienung) Was hättnsn gern, hähähä??
Gerd	Komm, 40, dassmer fertig wern. Die Frau muss weiter. Hast du einen Zehner?
Manfred	Muss ich schaun. Hast du was einsteckn?

Ursula	Ich hab mei Geld daheim glassn. Langts net?
Manfred	Woschd. Nou zahli midder Kartn…
Bedienung	Äh, a Kartn nehmer mir da herinner net.
Manfred	Hä, jetzt nehmers da ka Kartn, däss wird ja immer bläider!
Waltraud	Auch kein EC-Dings?
Bedienung	Nein, däss hab ich doch eben gesagt!
Gerd	Sie gell, pampich müssens deswegen auch nicht werden!
Ursula	Mir könner alle nix derfier, wenn Sie da ka EC nehmer!
Manfred	An zusammengefallner Salat un ka Kartn! Also ehrlich, Ihr seidz mir so ein Laden!
Ursula	Langt deins etz ned?
Gerd	Hobb, geh her, nou zahl ich komplett un mir machn däss dann daheim auseinander. Gebens mir auf 75 raus und horngs: Könners mir da für die Steuer an Bewirtungsbeleg ausschreim?
Bedienung	Einen Bewirtungsbeleg?
Gerd	Ja, weil das war edz mit Ihnen da echte Arbeit.

Dieses Kapitel
gelesen von Bernd Regenauer

Nordstadt

Die Nordstadt ist hip geworden. In den letzten Jahren hat Nürnberg die Immobilienpreise betreffend schwer aufgeholt. Wohl dem, der nördlich der Burg im Stadtteil Gärten hinter der Veste vor fünf Jahren in Eigentumswohnungen investiert hat. Er kann sich über ein Werte-Plus von über 160 Prozent freuen. Auch St. Johannis, Thon, Maxfeld und Großreuth zogen gewaltig an. Wer es günstiger will, muss in Nürnbergs Süden. Die Nordstadt bietet einen erheblichen Bestand an hochwertigem älterem Wohnraum, herrliche Gründerzeit, einst sehr gefragt von inzwischen längst ausgestorbenen WGs. Heute Domizil vornehmlich akademisch ausgebildeter Besserverdiener. Pauschal gesagt ist die Nordstadt der Lebensmittelpunkt für neureiche Grüne, für Doppeleinkommen-Familien mit hohem Bildungsgrad und Öko-Anspruch. Hier leben die Vegetarier mit Geld inmitten zugeparkter Anwohner-Parkplätze und diskutieren über Büffelmozzarella aus toskanischen Bergdörfern, die außer ihnen keiner kennt.

Es ist eine Welt, in der das Rudolf-Steiner-Haus einlädt zum Übkreis für anthroposophische Meditation (»An meine fragende Seele«) oder zur »Werkstatt Individualität – das Herz als spirituelles Wahrnehmungsorgan, Rose – Blut – Gemeinschaft«, was immer auch damit gemeint ist. Und es ist eine Welt, in der sich fernab jeder Spiritualität auch gut essen lässt und gut einkaufen, natürlich viel in Bio, da gibt es gut sortierte Ladenketten oder auch das kleine Geschäft am Eck, mit 37 Jahren ältester Bio-Laden der Stadt, in dem man dann, weil politisch korrekt, die mürrische Unfreundlichkeit des Personals stoisch erträgt. Der Wochenmarkt am Koberger Platz ist jeden Freitag großes Kino, Obst, Gemüse, Käse & Co., alles von Umland-Erzeugern, klar in Bio-Qualität, und hier bekommen Sie auch, beim Heribert am Stand, die vermutlich vielfältigste Tomatenauswahl Deutschlands, wenn nicht Europas, wenn nicht der Welt. Straßencafés finden sich praktisch nicht. Außer dem Eis-Café am sogenannten Kaulbachplatz, der ebenfalls kein Platz ist und durch die neue U-Bahn-Station restlos demoliert wurde. Zugrunde Geheimgetipptes gibt's auch, wie das »Café Wohlleben«, wo sonntags inzwischen ein Türsteher mit Headset das qualvolle Gedränge organisiert und den Kuchen-take-away regelt. Ganz was anderes sind Absonderlichkeiten wie das »Gregor Samsa«, Nähe Stadtpark. Wenig Plätze innen und außen, ein frei stehender Bollerofen im Raum, der winters die Umgebung bis an die Schmerzgrenze aufheizt, ein Dutzend Gulasch-Variationen, es ist schräg, und es passt. Tief versteckt in einem kleinteiligen Wohngebiet in der Mörlgasse lebte diese Künstlerkneipe über 40 Jahre mit Wirt Peter Hoyer vor sich hin. Und mit ihm seine überwiegend Stammgäste. Künstler-Originale wie Dan Reeder, Peter Angermann – oder Harri Schemm, Maler, Bildhauer, Fotograf, Dichter, Aktionskünstler und Kulturpreisträger, der ein paar Straßen weiter in einer ehemaligen Pinselfabrik sein Atelierhaus mit Leben erfüllt. Schemm und das »Gregor Samsa«, das war eine lustvolle Nordstadt-Symbiose. Er lieferte dem Wirt Peter Hoyer Bilder gegen Bier und Essen, ein bargeldloser Vorgang namens »Bierrente«. Das Bier füllte sichtbar Harris Bauch, seine Bilder füllten neben denen anderer Künstler die Wände. Bis Peter Hoyer die Kneipe seinem Sohn überließ, die Bilder mitnahm und ums Eck eine Galerie eröffnete. Aber gut sitzen ist im Samsa allemal noch.

Nordstadt heißt auch Stadtpark, in dem Mitte des 14. Jahrhunderts 562 Juden verbrannt wurden. Da steht auch der Neptun-Brunnen mit bewegter Vergangenheit. 1668 fertiggestellt, fehlte wegen des Dreißigjährigen Krieges das Geld, ihn überhaupt aufzustellen. Er wurde zwischengelagert und rund hundert Jahre später an Russland nach St. Petersburg verkauft. Ein jüdischer Hopfenhändler war es dann, der eine Brunnenkopie finanzierte. Die stand dann auf dem Hauptmarkt. Bis sie den Nazi-Paraden im Weg war. Drum jetzt Stadtpark. All das sieht man dem Brunnen nicht an, er sieht einfach gut aus. Den Enten drum herum ist es wurscht, der Hopfenhändler hätte heute sicher Einwände bezüglich der Platzwahl.

Zum eigentlich nicht existierenden Herzen der Nordstadt gab es einst einen flüssigen Kontrapunkt, die »Frankenstube«. Ein Fluchtpunkt für moussierende Sozialarbeiter, Anwälte, Jungakademiker und Studenten, die das Scheitern ihrer alltäglichen Bemühungen um die Verbesserung Mitteleuropas in rustikalem Ambiente wegschluckten, indem sie ihrem Nachbarn jeden Abend ein neues Konzept zur Weltrettung ins Ohr brüllten. Dazu mit voller Lautsprecherwucht Nenas »Ich bin so allein!«. Die Frankenstube gibt es noch, ziemlich komplett ummöbliert und längst kein Weltschmerz-Lokal mehr. Stattdessen ein gutes, lärmfreies Restaurant mit Bio-Anspruch: »Bio-Hähnchen

orientalische Art mit Raz el Hanout, dazu buntes Schmorgemüse mit getrockneten Aprikosen und Gewürz-Bulgur«. Fränkisch-international, vegetarisch und vegan. Eines meiner Lieblingscafés der Stadt ist da auch in der Nähe, das »Café Fatal«. Ein roter, zugewachsener Backsteinbau am Eck mit gelber Markise und schmaler Außenplatz-Umrandung, ein lebendiger, uneitler Wohlfühlort, von handelsüblicher Innenstadt-Designerkultur meilenweit entfernt. Die Küche ist überraschungsarm, aber solide, vorsichtshalber wechseln wöchentlich die Gerichte, im Gegensatz zu manchen Stammgästen, die da in treuer Regelmäßigkeit täglich aufschlagen und einem das Gefühl geben, in einer Zeitschleife festzuhängen.

Und dann gibt es noch den ungehobelten Edelstein: die »Cantina« in der Uhlandstraße, eine äußerst atmosphärische Mixtur aus Thai-Restaurant und Kaffeehaus mit exzellentem Kaffeeausschank und allen Clubspielen auf Flachbildschirm. Der Hauslegende zufolge soll die »Cantina« ursprünglich mit Texmex-Küche geplant worden sein, was irgendwie nicht ganz hinhaute. Als Rettung erwies sich schließlich die Installation einer Thaiküche, angeregt durch – so der Mythos – eine Zugehfrau namens Kum Halt Nei. Wer drin sitzt, bleibt sitzen. Denn hier durfte kein Innenausstatter neuer Schule eine Design-Einöde schaffen.

Schnepperschütz

Johannis

Auch Johannis hat eine gute Kneipenszene, auch Johannis ist hip. Gefühlte Unendlichkeiten, Jahre meines Lebens verbrachte ich im »Trocadero« in der Äußeren Großweidenmühlstraße, einer der unbarigsten Bars der Stadt, da einfach ungehobelt und schlicht,

was nicht störte, irgendwas war da immer. Gegenüber ist der »Andalusische Hund« mit Tapas und Leuten zum Anfassen, denn es ist eng da. Wer dagegen Wachtel mit Anis, Bulgur mit Cranberries und so Sachen vorzieht, der geht halt ins »Wonka«, da ist der Mittagstisch durchaus im erschwinglichen Bereich, und es ist einfach saulecker! Den feinen Gaumen verwöhnt auch Diana Burkel im »Würzhaus«, die Frau hat beim Sternekoch Andree Köthe ihr Handwerk gelernt, und das merkt man der Küche auch an. Abhängen dann in der »BMF-Bar«, die mit 9 Metern Raumhöhe höchste Bar der Stadt, ansonsten lang, eng und klein. Old School, aber nicht altmodisch, cool, aber nicht künstlich, mit einer unglaublichen Auswahl an Gin. Ein unbedingtes Muss bei Schönwetter ist eine kleine Location nahe der Pegnitz:

der »Schnepperschütz«. Ehedem trafen sich hier die Schnepperschützen, eine Armbrust-Gilde. Später dann war der Ort direkt an der Brücke eine Sanitär-Anlage und lauschiger Schwulentreff. Jetzt kommt hier zusammen, was zusammengehört, in lockerer entspannter Atmosphäre, auf französischen Designer Stühlen mit Blick ins Grün. Das Café mit Selbstbedienung serviert üppig belegte Landbrot-Stullen. Johannis, das ist der älteste bedeutende Stadtteil außerhalb des Stadtmauerrings und verdankt seine Gründung der grassierenden Pest im 14. Jahrhundert. Für die Toten wurde der Johannisfriedhof angelegt, heute einer der bedeutendsten und schönsten Friedhöfe Deutschlands. Hier liegen Albrecht Dürer, Veit Stoß, Adam Kraft und viele andere mit Namen und Geschichte. Ganz in der Nähe hat Tom Haydn (ausgerechnet ein Österreicher!) seine Werkstatt. Er ist der einzige Epitaphienkünstler in unserer Republik und fertigt für den Johannis- und den Rochusfriedhof bronzene individuelle Gedenktafeln, Grabschriften und – modern gesagt – Logos für Verstorbene. Sehens- und besuchenswert in dem Stadtteil und als Ruhepunkt zu empfehlen sind die Hesperidengärten, ein Erbe der Barockzeit, in der sich reiche Kaufleute prachtvolle Lustgärten anlegten.

Das Knoblauchsland

Per Gesetz wurde in Bayern die Ansiedlung von Gewerbegebieten in der Nähe von Wohnbereichen deutlich erleichtert, das Image als Land mit dem höchsten Flächenfraß der Republik will schließlich gepflegt sein. Und das Knoblauchsland im Norden Nürnbergs hat viel Fläche. Bereits im 8. Jahrhundert wurde hier großzügig gerodet, und noch vor Nürnbergs Gründung entstand Großgründlach, inzwischen eines der modernsten und teuersten Wohngebiete Nürnbergs. Es entstanden Wetzendorf, Schniegling, Kraftshof, Poppenreuth und so weiter. Schöne Sandsteinbauten stehen da noch heute. Drumrum viele Felder für Knollengewächse und anderes Gemüse, es ist ordentlich Platz. Platz, der in der Jetztzeit bei Investoren monetäre Begehrlichkeit weckt in Sachen Bebauung. Und so wuchsen gewerbesteuergesteuert im Knoblauchsland neben Spargel und Weißkraut gigantische Möbelhäuser mit eigenem Autobahnanschluss und anderer Quatsch in die Höhe, der manch Umliegendes wie Puppenhäuser aussehen

lässt. Und einst schmucke alte Orte wirken aus dieser Perspektive wie Anhängsel, an den Rand der Bedeutungslosigkeit gedrängt. Wer das Knoblauchsland von früher kennt, ist verzweifelt, wer es nur aus der Gegenwart kennt, sagt sich, es ist halt wie überall. Das noch freie Land dazwischen verschwindet großteils unter Gewächshäusern und wärmespeichernden Folien. Es hat mittlerweile Wettbewerbscharakter, wer wann dem Städter seinen ersten Spargel liefern kann. Die Einflugschneise des Flughafens lässt Kerosin regnen und unterstreicht dabei lautstark die Bedeutung des Albrecht-Dürer-Airports als lebendige Achse zur Restwelt. Ein paar verstreute Edelgastronomen fischen Firmen-Events ab,

Autobahnen und deren Zubringer sorgen für zügige Anbindung, und alles wirkt wie ein Setzkasten aus Beliebigkeit, Gewesenem und Gewolltem. Die Hierwelt ist bemüht, sich mit dem Gegebenen zu arrangieren und all das mit jährlichen Kirchweih-Festen und sonstiger hilfloser Traditionspflege aufzuhübschen. Wobei, bevor ich von Kärwa-Freunden erschlagen werde: Die Kärwa ist vielleicht das sinnvoll verbliebene Verbindende in solch zunehmend zerrupften Gegenden. Und die Kärwa-Kultur lebt hoch im Knoblauchsland, mit Kärwaboum und Kärwamadla, mit Musik und Feuerwehr und Kärwabaum, mit all den Trachten, Aufzügen und Frühschoppen in schwül-heißen Bierzelten. Das ist auf ehrliche Art identitätsstiftend, auf gesunde Art konservativ und vielleicht der letzte Rest an Autonomie. Denn natürlich gibt es auch hier kleine Wohlfühl-Oasen.

Junge ambitionierte Bio-Bauern, den »Schwarze Adler« in Kraftshof mit seinem schönen Biergarten im Schatten der wunderschönen Wehrkirche, das urgemütliche Gasthaus »Zum Alten Forsthaus« in Neunhof, oder auch »Assmanns Bammes«. Wirt Eduard Aßmann lässt da nichts anbrennen. Hier bekommen Sie keine 6-Euro-Schnitzel auf 0,5 qm breitgewalzt, sondern ein vielfältiges Angebot mit Zutaten überwiegend aus der Region. Und nicht zuletzt lockt im Bammes-Saal ein recht buntes Kulturangebot, das den Innenstadtvergleich nicht scheuen muß, dafür sorgen zwei »alte Häsinnen« der Kleinkunstszene, Christine Kraus und Evi Besner.

■ Cantina
Uhlandstraße 9 · 90408 Nürnberg · 0911-358260
www.cantina-bar.com

■ Wirtshaus Frankenstube
Pilotystraße 73 · 90408 Nürnberg · 0911-351107
www.frankenstube.com

■ BMF-Bar
Wiesentalstraße 34 · 90419 Nürnberg · 0911-8919100
www.bmf-bar.de

■ Wonka
Restaurant & Kochwerkstatt
Johannisstraße 38 · 90419 Nürnberg · 0911-396215
www.restaurant-wonka.de

■ Gasthaus Schwarzer Adler
Kraftshofer Hauptstraße 166 · 90427 Nürnberg-Kraftshof · 0911-305858
anfrage@schwarzeradler.de

■ Gasthaus »Zum Alten Forsthaus«
Untere Dorfstrasse 6 · 90427 Nürnberg · 0911-305596
www.forsthaus-neunhof.de

■ Assmanns Bammes
Bucher Hauptstraße 63 · 90427 Nürnberg · 0911-9389520
www.kleinkunstbuehne-bammes.de

Fränkisches Schäufele
(Niedrigtemperatur-Variante) mit Kloß.

THE BUTCHER'S GUIDE
· CUTS OF PORK ·

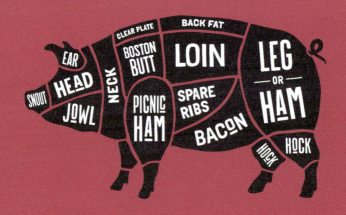

Ich kenne Franken, die vertilgen ohne mit der Wimper zu zucken zwei Schäufele hintereinander. Und unter drei Klößen dazu geht gar nix. Dafür wird dann zur Kalorienreduzierung der Salat weggelassen. Insofern sind die Mengenangaben für 4 Personen bei einem fränkischen Rezept eine sehr relative Sache.

Zubereitung

Am Abend vor dem Essen die Zwiebeln mit Schale halbieren, mit wenig Öl eingepinselte Alufolie auf das Kochfeld legen, dann die Zwiebeln darauf mit der Schnittfläche nach unten bei großer Hitze schwarz rösten und danach in Stücke schneiden.

2–3 Knoblauchzehen zusammen mit ca. 3 EL Kümmel, grobem Salz, Pfeffer, Majoran oder Oregano und Öl mörsern und damit die Schäufele einmassieren (nicht die Schwarte!).

Von der Menge her muss es so sein, dass alle Fleischstücke ordentlich davon abbekommen. Nach Gusto kann dem Ganzen auch Senf beigegeben werden.

In einem Bräter ordentlich Olivenöl mit der Butter erhitzen, das in ca. 2 cm große Stücke geschnittene Gemüse (Lauch, Karotten, Sellerie, Petersilienwurzel) scharf anbraten. Dann den Bräter vom Herd nehmen, Zwiebeln dazu sowie grob gehackte Petersilie samt Stängel, Markknochen, Spareribs und letztlich die Schäufele mit der

Zutaten (2–4 Personen)

- 4 Schäufele
- 2–3 Markknochen
- 2 Spareribs
- Brühe (Rind)
- 4 Zwiebeln
- 1 Lauchstange
- 4 Karotten
- 3 Petersilienwurzeln
- ½ Sellerieknolle
- 40 g Butter
- Kümmel (im Ganzen)
- Oregano oder Majoran (getrocknet)
- Knoblauch
- Petersilie
- Grobes Salz
- Pfeffer
- Olivenöl
- Evtl. Senf

Schwarte nach oben. Brühe dazugießen, etwa 2–3 cm hoch. In den Ofen damit, mittlere Schiene. Deckel drauf und bei 70–75 Grad in Ruhe lassen, am besten über Nacht. Der Braten kann das so 8 Stunden oder auch 11 Stunden aushalten, es kann nichts passieren. Das Fleisch bekommt eine schöne Farbe und wird herrlich zart.

Etwa 45 Min. vor dem Servieren den Deckel runternehmen, das Fleisch mit Soße begießen, die Schwarten mit einem scharfen Messer rautenförmig einschneiden, mit stark salzig angerührtem Wasser bepinseln und bei etwa 190 Grad fertigbraten, ca. 30 Minuten. Dabei die Schwarte beobachten. Sie sollte Blasen werfen und knusprig rösch werden, sonst hagelt es Reklamationen. Im Bedarfsfall die Temperatur etwas erhöhen oder mehrmals mit Salzwasser nachpinseln.

Dazu gibt's Klöße nach Packungsanleitung.

Und – wenn es sein muss – Salat.

Drumrum

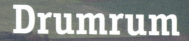

Fränkische Reiselust

„Wenn hinder Woddsldorf is Meer wär'/Und hinder Fedd die Brerrie/Hinder Kalchreid der Dschünggl/Mer wiserd nimmer woü hie."

Wenn ich meine innere Ruhe finden will, fahre ich aufs Nürnberger Land raus, hinaus in diese offene Weite, wo alles noch so ursprünglich ist, wo der Dialekt noch ganz ungehindert lebt, weil sich sämtliche Deutschlehrer längst erschossen haben. Und dann fahre ich so weiter und weiter und dann komme ich zu einem dieser authentischen Wirtshäuser, so eines mit eigener Metzgerei. Die metzgern auf dem Land ja noch

Traumort

ganz anders als in der Stadt. Die haben noch eine Beziehung zu den Tieren. Für die ist das kein Objekt, für die ist das eine Ware. Denen geht's nicht um Profit, denen geht's nur um den Gewinn. Ganz archaisch, ursprünglich halt. Anders als in der Stadt, wo jeder nur schaut, wie er besser dasteht als der andere.

Wenn auf dem Land der Großbauer aus der Nachbarschaft mit einem nagelneuen Turbo-Trecker daherkommt, dann sagen die: »Ja schau der däs bläide Oarschluuch mit seim Scheiß-Turbo-Buidogg oo!« Aber die sagen das ohne Neid, das ist der Unterschied. Weil es da noch Solidarität gibt untereinander. Jedenfalls, ich kam dann zu so einem Wirtshaus mit eigener Metzgerei, und da stand grad ein Leichenwagen und die Polizei vor der Tür, und ich denk mir erst: Ah, war gerade wieder Unterrichtsschluss in der Dorfschule! Wahrscheinlich Deutsch in der 6. Stunde. Wahrscheinlich hat ein Schüler den Lehrer gefragt: »Wou di houdi im stouder, muas em doudi in iacha krouder nou??« Auf die Frage hin ging der Lehrer weinend aus dem Klassenzimmer, und dann fiel der Schuss. Aber es war dann doch anders, denn sie haben einen Mann herausgetragen, aber nicht in einem Sarg, sondern in Folie luftdicht verschweißt. Und der Polizist sagte mir: »Das ist der Schwiegersohn vom Haus, der Erich, der hat sich in der Räucherkammer inmitten seiner feinsten Schinken- und Wurstwaren erhängt. Nackt, mit Räuchersalz und Wacholder eingerieben und fein säuberlich mit Prüfstempel versehen hat man ihn gefunden. Um den Knöchel geknotet war sein Abschiedsbrief. Auf dem stand: ›Hausmacher Art. Bitte aus Qualitätsgründen erst nach vier Wochen abhängen.‹« Und das find ich dann auf dem Land auch so authentisch, wenn man sein Leben und den Tod so miteinander verknüpft. Das hat was total Rundes, Stimmiges. Ich denke mir, die werden sicher die Beerdigung mit einer Verkostung verbinden, mit echtem Bauernbrot und frischer Bauernbutter – und zu den Enkeln sagen: »Da schau, der Erich. Von dem kannst du dir eine Scheibe abschneiden.«

Ein Haus weiter, gleich hinter dem Sendemast, war noch so ein ursprüngliches Wirtshaus. Mit einem Schild im Garten: »Draußen nur Kännchen«. Mit alten Sprossenfenstern, mit alten Türstöcken, mit vergilbten Bildern an der Wand, zentimeterdickes Nikotin, noch aus der Zeit weit vor dem Nichtraucher-Volksentscheid. Die haben da übrigens auch noch ganz ursprüngliche Toiletten. Wo du reingehst und dir sofort so eine Geruchswand entgegenschlägt, weil sich da die Gerüche noch völlig ungehindert entfalten können, das ist alles so ursprünglich versifft. Die warten mit dem Reinigen auch immer vier Wochen, damit es dann ganz authentisch ist. Und du willst pieseln, aber du bleibst mit den Schuhen am Boden kleben, weil sie vor dir alle schon danebengepinkelt haben, weil der Installateur diese Zielhilfe, diese kleine schwarze Fliege, nur so zum Spaß auf den Spülknopf geklebt hat.

Gut so!

Dann geh ich zum Waschbecken, wo mich eine unberührte historische Kernseife empfängt, weil sich hier nie jemand die Hände wäscht. Sonst wäre sie, wie alles andere hier, schon längst geklaut worden. Ich geh ich in die Gaststube und setz mich an einen Tisch. Um mich herum sitzen lauter Männer, alles authentische Bauern, alle mit so einem zerfurchten EU-Subventions-Gesicht. Denen die Milchquote tiefe traurige Kerben in die Stirn gefräst hat. Und alle mit Bluthochdruck, weil sie jahrzehntelang die Schlachtschüsseln in sich hineingeschaufelt haben. Ganze Ställe haben sie leergefressen und jetzt versuchen sie verzweifelt, mit Schnäpsen den PH-Wert des Magens zu regulieren. Alle mit so teigiger Haut und erschöpftem Bindegewebe, an den Oberarmen mit einem leichten Gelbstich, und mir wird klar, weshalb es kaum noch Landärzte gibt. Nach dem Essen gehe ich noch kurz am Stammtisch vorbei und frage den einen älteren Herrn, der hinterm Bier versunken am Kachelofen sitzt: »Sagen Sie mir, wo steckt im Leben der Sinn?« Und er sagt: »Wou di houdi im stouder, muas em doudi in iacha krouder nou!«

Der Franke ist und bleibt ein Widerstandskämpfer gegen die Omnipräsenz der Gegenwart. Zurzeit hat er ein schlichtes philosophisches Verhältnis: Er hat Zeit, weil er sie sich von niemandem nehmen lässt. Daraus folgt, dass er zu keiner Zeit dem Zeitgeist hinterherläuft, sondern entschleunigt den Fuß auf den geackerten Boden setzt. Und das hat sein Gutes. Ganz klar und ohne Aber oder Wenn: Das Nürnberger Umland ist herrlich! Und zumindest Richtung Osten, Südosten und Norden sind die Fluchtwege erfrischend kurz.

Einer der kürzesten lässt sich direkt mit der Straßenbahn (»Schdrasserboh«) erreichen. Linie 5 fährt bis Tiergarten. Der ist zwar schön, aber schöner ist es, Sie wandern da in den Schmausenbuck hinein, in ein fast pittoresk anmutendes Naturschutzgebiet im Reichswald, hin zum »Steinbrüchlein«, wo im Mittelalter der Sandstein gebrochen wurde für all die Nürnberger Pracht. Hier, auf den verwunschenen Pfaden, müssen Sie bis auf die halt doch auch anwesenden Mountainbiker und reichlich vorhandenen Bombentrichter nichts fürchten.

Wer nach Westen der Stadt entkommen will, muss erst durch Fürth. Ob man das will, ist Geschmackssache. Nach Süden zieht es sich auch. Wer Pech hat, stolpert da über Schwabach und dergleichen. Wer das Glück sucht, radelt zum Alten Kanal, und da findet er es dann auch! Egal, ob Sie am Kanalwasser entlanggehen oder durch die Schwarzachklamm wandern – spätestens, wenn Sie final in der Waldschänke »Brückkanal« hintern Bier hocken, werden Sie feststellen: Das Leben ist gar nicht mal nur schlecht. Und diese Er-

Subber Bier

kenntnis will beim Franken was heißen. Ausgesprochen lohnend auch der Osten. Die B 2 ein Stück raus, da reichen fünf Kilometer, dann in Behringersdorf links abbiegen Richtung Güntersbühl – und schon passt auch hier die Welt. Kilometerlang geht es durch den Reichswald, ein von Gewerbegebieten und Autobahnkreuzen inzwischen etwas zerrupfter Grüngürtel. Aber immerhin und immer noch 250 Quadratkilometer Waldgebiet. Lorenzer Reichswald heißt er südlich der Pegnitz und Sebalder Reichswald nördlich. Was dem Nürnberger egal ist, er nennt das Ganze schlicht »Steggerlaswald«, und das lange Zeit völlig zu Recht. Schnellwachsende Kiefer-Monokulturen, unten nix, oben wenig, mit Blaubeeren als Bodendecker, das war's. Ging ja jahrhundertelang auch nur um maximierten Holzertrag. Engagierte Förster, wie der leider verstorbene Herr Reingruber, haben Jahrzehnte ihres Lebens verwendet, um dem Wald divergentes Leben einzuhauchen. Dank ihm und einigen anderen ist auch Mischwald eingezogen. Für die Tierwelt und mich als passioniertem Pilzesammler eine gute Entwicklung.

Und es gibt magischen Orte wie das »Gasthaus Fürsattel« in Günthersbühl. Ein Fachwerkhaus mit viel Originalpatina in Hanglage und weitläufigem Ausblick. Sitzt man dort auf dem alten Holzbalkon, weht einen der Atem des vergangenen Jahrhunderts an. Ein Frischluftmuseum einfachster Gastronomie, eine Reminiszenz an untergegangene fränkische Wirtshauskultur. Blöd nur, dass an den Wochenenden die Smartphone-Mafia mit ihren SUVs just hierher mit Vorliebe anrollt. Noch mehr Ruhe findet die von heftigem Großstadtgetöse gepeinigte Seele in gar nicht gottver-

lassenen Dörfern im nördlichen Umland wie etwa Ottensoos, wo Kirche und zentrales Gasthaus architektonisch noch engstens miteinander verwoben sind. Maximale Sicherheit verspricht indes ein Ausritt nach dem idyllischen Kaff mit dem schönen Namen Kirchensittenbach. Denn hier herrscht die Feuerwehr: »Die Gemeinde Kirchensittenbach verfügt über insgesamt elf Freiwillige Feuerwehren. »Die Einheiten in Kirchensittenbach sind mit einem Löschgruppenfahrzeug (Hlf 10/6) und einem Mehrzweckfahrzeug ausgerüstet, die in Aspertshofen und Wallsdorf mit einem Tragkraftspritzenfahrzeug. Die übrigen Feuerwehren sind mit Tragkraftspritzenanhängern ausgestattet.« So steht es in der Kirchensittenbacher Selbstdarstellung geschrieben!

Aber dann ein wahrhafter Geheimtipp allerfeinster fränkischer Nahrungsaufnahme, flüssig wie fest! Ich meine den Richtung Forchheim diskret in Eggolsheim/Weigelshofen gelegenen Brauerei-Gasthof Pfister. Nicht verwandt und verschwägert mit dem Münchner Backwarenunternehmen. Der Ort ist wirklich absolut unmondän. Die einzige Sehenswürdigkeit ist eine überdachte

Bushaltestelle. Ganz nah dann aber der wundervolle Gasthof! Stefan Pfister agiert hier als Braumeister & Biersommelier, dem man einfach glaubt, wenn er sagt, er braue sein glysophatfreies Ökobier mit Herzblut. Es schmeckt fantastisch. Seine Spezialität: das Schwarzer Keller Ökobier: kräftig gehopft, unfiltriert und schön dunkel. Und dann das Essen in diesem fast schon unfränkisch-freundlichen Gasthof: gebackener Karpfen, Pfefferkarpfen oder Karpfen im Bierteig gebacken, dazu Kartoffelsalat und gemischter Salat. No Nouvelle cuisine! Wer hier das »Schnitzel Wiener Art« aus der Pfanne auf den Teller bekommt, will den Wirtshaus-Klassiker danach nirgendwo anders mehr essen. Also hin, wer vom Innenstadtgetümmel die Nase voll hat!

Und wer Blut geleckt hat, begibt sich beim nächsten Ausflug ins Wiesenttal. Die Motorrad-Fraktion sorgt da jedes Frühjahr für eine stabile Unfallstatistik. Und die, die das Vorjahr überlebten, versuchen es im nächsten aufs Neue. Wiesenttal, Trubachtal, Püttlachtal – alles was enge Kurven hat und größtmögliche Unübersichtlichkeit, wird zur Schicksals-Prüfung ausgeschrieben. Die Überlebenden haben Grund zur Freude. Denn die schaffen es dann vielleicht über Behringersmühle hinaus ins Ailsbachtal, biegen an der richtigen Stelle links ab auf die Hochfläche zwischen den Tälern, steil bergan, dann mit Glück sehen sie das Schild nach links zum Forsthaus Schweigelberg, einem Ort, der eigentlich nicht empfohlen werden darf, da er zu schön ist, aber jetzt ist es schon passiert. Ganz hinfahren ist nicht, was dem Ziel absolut guttut, man läuft ein paar hundert Meter durch den Wald bis zur Lichtung mittendrin. Und da steht dann das Haus. Und da erwartet einen dann Marga, diese lebendige, herzensgute Frau. Bei Schönwetter sitzt man dann auf der Wiese zwischen Haus und altem Backofen und wird mit vorzüglichem Essen verwöhnt. Besonderes Essen, nix Gängiges, aber auch nix Abgehobenes, Slow-Food, lecker, Marga versteht einfach, gut zu kochen. Und wer will, dem erzählt sie viel und ausgiebig über die Gegend, über das Leben und die Welt. Und man ist dankbar für diesen Ort, den ich so nirgends anders auch nur im Ansatz kenne.

Bei Marga

Wer wiederum fränkischstes Franken mit Kultur verbinden möchte, der fährt nach Lauf-Dehnberg. Das Dehnberger Hof Theater, 20 Autominuten weg von Nürnberg, ist ab vom Schuss – und dennoch ein Volltreffer. Wolfgang Riedelbauch, ein wandelndes Lexikon in Sachen fränkischer Musikgeschichte, und da äußerst auskunftsfreudig, quasi das wohlbeleibte Wikipedia auf zwei Beinen, pflegt hier seit Jahrzehnten sein Domizil. Herrlicher Sandstein, ein bewirteter Innenhof und eine umgebaute Scheune als Bühne, mein zweites Wohnzimmer. Und ein herrlicher Ort für Kultur, Bier, Wein, gutes Essen und gute Gespräche. Der wohlgeformte Arsch

der Welt findet sich Richtung Bamberg, Autobahnausfahrt Buttenheim, und dann Ketschendorf. Hier genießt man unverfälschte Natur und den Anblick von Schottischen Hochlandrindern, die sich anscheinend wohlfühlen und die Winter wie Sommer draußen auf großen Weiden wie eine fränkische Metapher frei dröge herumlaufen und das Leben genießen. Und dann ist da noch der Gasthof Kramer mit authentisch ehrlichem Essen, manchmal auch mit Kostproben der migrierten Rindviecher. Empfehlenswert ist vor allem der Zwetschgenbames In der Wirtsstube hängt ein großer präparierter Hochlandrindskopf an der Wand. No Schickimicki, ganz im Gegensatz zur Günthersbühler Terassenkneipe. Nicht weit der Stadt liegt auch der Moritzberg, der Gipfel des Nürnberger Landes, natürlich am höchsten Punkt auch kulinarisch bespaßt. Fränkisches Flair in Reinkultur findet man auch in Rockenbrunn, das Wirtshaus klein, schattig, eng und urgemütlich. Oder in Neunhof oder am Walberla oder oder…Jeder Nürnberger weiß im Drumherum seinen Lieblingsort, sein Lieblingsbier und seinen Lieblingsbiergarten. Da lässt sich gut streiten, was wie selbstverständlich dazu gehört, wenn es um die Sonntagsplanung geht. Weil natürlich jeder mit seiner Einschätzung recht hat. Dutzende Beispiele hab auch ich jetzt außer Acht gelassen. Orte wie das Hallerschlösschen in Nuschelberg. Das muss ich natürlich erwähnen, sonst darf ich da nicht mehr hin.

Oder die »Drei Linden«, ein echter Wohlfühlort in Kalchreuth, die mit ihrem Josef den einzigen fränkischen Kellner mit Holzkrawatte aufbieten können, nebst seinen flotten Sprüchen und den vermutlich besten Karpfen in der Gegend in unverfälscht fränkischem Ambiente und garantiert resopalfrei. Unweit davon auch ein herrlicher schattiger Felsenkeller. In Käswasser bekommen Sie den besten Spargel der Region, noch dazu spaziert da ein weißer Pfau zwischen den Tischen herum. Und schön: Käswasser ist garantiert büffelmozarellafreie Zone!

Is Drumrum lohndsi allerwall

■ Gasthaus Fürsattel
Gaststätte, Biergarten, Bierkeller
Günthersbühler Hauptstraße 19 · 91207 Lauf a. d. Pegnitz · 09123-4157
Donnerstag bis Montag 16 – 23 Uhr

■ Brauerei-Gasthof Pfister
Eggerbachstraße 22 · 91330 Eggolsheim / Weigelshofen · 09545-94260
Täglich 11 – 23 Uhr · Mittwoch ab 17 Uhr · Dienstag Ruhetag
www.pfister-weigelshofen.de

■ Forsthaus Schweigelberg
Behringersmühle · 91327 Gößweinstein · 0172-8120871
www.forsthaus-schweigelberg.de

■ Dehnberger Hof Theater e.V.
Dehnberg 14 · 91207 Lauf · 09123-954490
www.dehnbergerhoftheater.de

■ Gasthaus Kramer
Ketschendorf 19 · 96155 Buttenheim · 09545-74432
Dienstag, Donnerstag, Freitag ab 16 Uhr
Mittwoch, Samstag, Sonntag ganztags geöffnet
www.gasthaus-kramer.de

■ Gasthaus Drei Linden
Buchenbühler Straße 2 · 90562 Kalchreuth · 0911-5188479
Mittwoch bis Sonntag geöffnet
Durchgehend warme Küche von 11.30 – 21 Uhr
www.gasthausdreilinden.de

■ Gasthaus Hallerschlösschen
Nuschelberger Hauptstraße 1 · 91207 Lauf · 09123-3396
Montag, Donnerstag und Freitag 10 – 15 Uhr + 17 – 22 Uhr
Samstag 10 – 18 Uhr · Sonntag & Feiertag 10 – 22 Uhr
www.hallerschloesschen.de

Dieses Kapitel
gelesen von Bernd Regenauer

Glossar

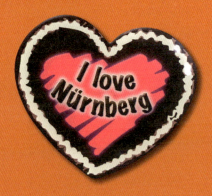

Die B-B-K-W-M-Sätze:

Brauchi ned! – Bliggi ned! – Kooi ned! – Wassi ned! – Machi ned!

Deutsch: Brauche ich nicht, verstehe ich nicht, kann ich nicht, weiß ich nicht, mache ich nicht.

Das sind die multifunktionalen fränkischen Basics. Sätze getreu der Devise: Erst mal alles von sich fernhalten und abwarten.

Bass hald aaf!

Deutsch: Passen Sie doch auf.

Ein echter, noch unverfälschter Mittelfranke entschuldigt sich nicht! Rempelt er einen Passanten an, sagt er:
»**Schau hald, woosd hie läffsd!**«
Deutsch: Passen Sie bitte auf, wo Sie hintreten.

Schüttet er im Lokal seinem Gegenüber das Hefeweizen über den Laptop, heißt es:
»**Ka Sorch, däss droggned scho widder.**«
Deutsch: Halb so wild, es ist doch nichts passiert.

Lou mer mei Rouh!

Deutsch: Bitte stören Sie mich nicht!

Nervig nachfragende Touristen und andere Störfaktoren bekommen diesen knappen Satz des Öfteren reflexhaft entgegengeschleudert. Alternativ heißt es:
»**Hobb ka Zeid!**«
Deutsch: Ich kann gerade nicht.

Oder:
»**Ezzer ned!**«
Deutsch: Auf keinen Fall

Oder im Zweifel einen passenden B-B-K-W-M-Satz, siehe oben.

Ich griech …

Ist kein Herkunftshinweis in Ausländerdeutsch!

Dem »**ich griech …**« begegnet man beim Bäcker, Metzger und Ähnlichem.
Es ersetzt »ich hätte gerne«, »geben Sie mir bitte« und »könnten Sie mir … geben«.
Ich griech zwaa Mohn! – Ich hätte gerne zwei Mohnbrötchen.

Oft heißt es auch einfach: »**Ich griech vo dämm dou**« – oder, wie im Cartoon auf Seite 30 »**Ich griech didoddn dododdn**« (die Torte da).
Dabei zeigt der Kunde dann schlicht mit dem Finger auf die gewünschte Ware.

Fürs Verkaufspersonal ist das ein normaler Vorgang. Man kennt's nicht anders. Drum: Vermeiden Sie Höflichkeiten, denn damit verwirren Sie die Person hinter der Theke nur.

A weng …

Ohne »**a weng**« kommen Sie in Nürnberg nicht durch.
A weng ist ein multifunktionaler Platzhalter.
A weng kann tatsächlich »ein wenig« heißen (»**däss is fei scho a weng weng**«), oft dient es jedoch als Verstärker und steht für mehr (»**däss is fei scho a weng arch deuer!**« **oder** »**woar däss ned a weng z'vill?**«).

A weng unterstützt auch Missfallen. »**Der woar scho immer a weng komisch**« … heißt, der Gemeinte war in den Augen des Betrachters zeitlebens ein Depp.

Edz schau mer ermol...

Damit will ein Franke in Momenten, in denen Handeln gefragt ist, erst mal Zeit gewinnen. Viel Zeit. Denn im Grunde heißt es, dass aktiv nichts mehr weiter geschehen wird, weder jetzt noch in aller Zukunft.

Könnd a scheener Dooch wärrn...

Die Zeitangaben

In Nürnberg und großen Teilen Frankens spricht man von **Väddel Elf**, wenn 10.15 Uhr gemeint ist.
10.45 Uhr heißt entsprechend **Dreiväddel Elf**.
Ummer Elfer rum schließt die 20 Minuten vor und nach elf mit ein.
Mit »**Mir dreffn uns am Sunndooch in achd Dooch**« ist der übernächste Sonntag gemeint, obwohl acht Tage nach dem nächsten Sonntag ja dann bereits Montag ist.
Ähnliches gilt beim kommenden Wochenende.

Es ist besondere Vorsicht geboten, wenn man sich mit einem Nürnberger an einem beliebigen Wochentag innerhalb der Woche fürs kommende Wochenende verabredet. Es ist nämlich nicht so, dass mit »**Mir dreffn si am kommendn Wochenend**« das nächste Wochenende gemeint wäre, obwohl das nächste Wochenende das ist, welches als nächstes kommt, sondern es ist das auf das nächste Wochenende folgende Wochenende gemeint.

Warum das so ist? Weil halt. Für Zugereiste kann dieser Umgang mit Zeit dazu führen, dass er bei Verabredungen mit Einheimischen generell zur falschen Zeit am falschen Ort bis zu sieben Tage auf den Erwarteten wartet.

An Schnidd

Immer noch bekommen Sie in Wirtshäusern, die Wert auf Tradition legen, auf Wunsch einen Schnitt. Ein Schnitt ist frisch gezapfter Schaum, der im Glas dann nach Absetzen mehr oder weniger Bier ausbildet.

Fädd

Fürth vs. Nürnberg, eine immerwährende Rivalität, die beim Fußball-Derby regelmäßig in Schlägereien und anderem groben Unfug mündet. Es ist ein über Jahrzehnte währendes Spiel mit Emotionen und spöttischen Bemerkungen, ein Spiel, das manche halt ernst nehmen, was wiederum das Spiel am Laufen hält. Für einen Fürther ist Nürnberg »Ostvorstadt«, der Nürnberger hält Fädd für den Pickel am Arsch der Metropolregion. Und das Klärwerk, direkt an die Stadtgrenze gebaut, belegt ihm: »**Aus Fädd kummd nix gscheids!**«

1922 gab es (für Fürth wohlgemerkt) die historische Chance! Da hatte Fürths Stadtrat den Anschluss an Nürnberg beschlossen, ein Bürgerentscheid brachte den Beschluss jedoch zu Fall. Gott sei Dank (für Nürnberg wohlgemerkt). Längst jedoch, und das muss selbst ich als Nürnberger eingestehen, hat Fürth in jeder Hinsicht gewaltig aufgeholt. Gut, bis auf den Fußball. Jedoch kulturell wie auch seitens der Wohnqualität ist es auf dem Vormarsch. In Nürnberg leben 3 Prozent Fürther, in Fürth dagegen 15 Prozent Nürnberger. Mag sein, die Nürnberger planen dergestalt die perfide Unterwanderung der Nachbarstadt.

Kumm – gäih

Kommen und Gehen sind für den Nürnberger im Grunde eins. Er verbindet Kommen und Gehen daher gerne mit den Worten: »**Kumm, mir gänger**«. Was umgekehrt auch funktioniert mit: »**Gäih, edz kumm hald endli!**« oder auch: »**Gäih kumm, wenn deä ned gäihd, nou kummer mer zu schbääd!**«.

Die vorauseilende Prophezeiung

Sagt der Franke an einem Gemüsestand am Hauptmarkt: »**An Sellerie hobbder gwiss ned?!**«, ist das a) Beleg, dass ein Franke vorsichtshalber Pessimist ist, und b) clever, weil er mit dieser Frage einer drohenden Niederlage vorbeugt.

Der Herausgeber

Christian Schultz

Redakteur, TV-Producer und Autor

Hat ausgerechnet in Nürnberg, da »Wou die Hasen Hoosn und die Hosen Huusn haaßn«, Kommunikationswissenschaften studiert. Die Freundschaften, die er in Franken geschlossen hat, gehören zu den stabilsten seines Lebens, woran diverse Kirchweihen, die Fränkische Schweiz und das Georgenbräu in Buttenheim einen nicht geringen Anteil haben dürften. Auch den Verleger dieser Buchreihe konnte er nach Jahren einfach mal mit seiner Idee für das »Satirische Handgepäck« anrufen, und, ohne zu zögern, hieß es nach fünf Minuten: »Ka Sorch, däss machmer.«

Wenn er nicht gerade mit fränkischen Verlegern telefoniert, ist er als freier Producer und Autor für diverse ARD-Anstalten, 3Sat und VOX im Bereich Show, Kabarett, Comedy sowie Sitcom und Serie, und seit 2016 für die ARD Degeto als Leiter der Programmplanung tätig.

Neben Klassikern wie »Ottis Schlachthof« (BR) und dem »Bayerischen Kabarettpreis« (BR) konzipierte und produzierte er zuletzt die Sitcom »Spezlwirtschaft« (BR), den »Satire Gipfel« (ARD), »Puschel-TV mit Alfons« (SR), »Schroeder! – Die Kabarettshow« mit Florian Schroeder (SWR) und arbeitete als Autor für Seitensprung (3Sat). Darüber hinaus war er für Künstler wie Ottfried Fischer, Florian Schroeder (Offen für alles und nicht ganz dicht, Rowohlt Verlag, 2011), Klaus Karl Kraus (Kabarett aus Franken) u.v.a. tätig.

Der Fotograf

Carlheinz Schanzenbach

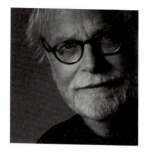

Engagiert und stets zur Stelle. Ein begeisterter Fotograf, der sich aus der Werbeszene zurückgezogen hat, um endlich seine grenzenlose Kreativität in eigenen Projekten auszuleben. Für dieses Buch durchstreifte er mit dem Blick für das Nichtalltägliche seine Wahlheimat Nürnberg auf der Suche nach interessanten, neuen Bildmotiven.

Danksagung

Dicken Dank zuvörderst meinem lieben Fotografenfreund Carlheinz Schanzenbach, der das alles hier mit stoischer Aufgeregtheit ertragen hat!

Ich danke sehr Jochen Schmoldt für seine aktive Mitarbeit und seinen Info-Zufluss, dann nicht zuletzt Stefan Grosse-Grollmann, Beate, Oliver Essigmann, Jürgen Fischer, Wolfgang Riedelbauch, Gerd Bauer, Michael Bader, Anette Röckl, Eckart Dietzfelbinger, meinem langjährigen Kabarett-Mitarbeiter Uwe G. Ebert, meinen Freunden Meikel, Manfred, Peter, Maya, dem Brozzi-Klaus, Tom – und natürlich Gerhard vom Gostner Hoftheater!

Fotonachweis

Titelmotiv

Seite 4, 5, 6, 7, 10, 12, 13, 14, 16, 19, 20, 22, 23, 25, 26, 27, 31, 32, 34, 35, 37, 40, 41, 42, 44, 45, 47, 49, 51, 52, 53, 54, 56, 57, 58, 60, 61, 64/65, 67, 69, 70, 73, 74, 75, 76, 77, 78, 79, 80, 81, 82, 87, 91, 95, 96, 99, 102, 103, 105, 109, 115, 116, 117, 119, 120, 126, 127, 129, 131, 132/133, 140, 143, 145, 147, 148, 150, 151, 152, 156/157, 160

Seite 2/3

Seite 8

Seite 28

Seite 36

Seite 38

Seite 50

Seite 62

Seite 66

Seite 84

Seite 92

Seite 106 (Stammtischschild)

Seite 106 (Biergläser)

Seite 112

Seite 122

Seite 124

Seite 125

Seite 135

Seite 136/137

Seite 149

Karl Serwotka
Ch. Amsberg www.rosenknopf.de
Carlheinz Schanzenbach, Nürnberg

JiSign/fotolia.com

Presse- und Informationsamt der Stadt Nürnberg

Klaus Eppele/fotolia.com

gena96/fotolia.com

diez-artwork./fotolia.com

Concertbüro Franken GmbH

Das Foto stammt von Benutzer: Jarlhelm, der nicht mit dem Urheber des Abgebildeten identisch ist. Es wurde von öffentlichem Grund (nicht vom Stadiongelände) aus aufgenommen. CC BY-SA 3.0, https://de.wikipedia.org/w/index.php?curid=2920638

Tom Wang/fotolia.com

ThinkstockPhotos-153744578

mhp/fotolia.com

By Takeaway (Own work) [CC BY-SA 3.0 (http://creativecommons.org/licenses/by-sa/3.0)], via Wikimedia Commons

kristina rütten/fotolia.com

Friedberg/fotolia.com

foxysgraphic/fotolia.com

DoraZett/fotolia.com

studiodr/fotolia.com

Emil Bezold

Lars Schnoor

Christian Schultz

Satirisches Handgepäck

Kabarettisten schreiben über ihre Stadt:

- konsequent subjektiv
- manchmal ungerecht
- mit liebevollem Augenzwinkern

Mit Audio-Tracks eingelesen von den Autoren

Michael Müller Reiseführer
So viel Handgepäck muss sein.

www.michael-mueller-verlag.de

MM-City: die Städteführer

Mit Reise-Profis durch Mini-Metropolen und Weltstädte:
- praktische Infos und Hintergrundwissen
- individuelle Autorentipps
- Stadtrundgänge mit detaillierten Karten

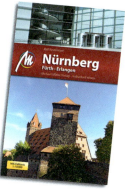

Über 220 Reise-, City- und Wanderführer
zu Europa und der Welt

Impressum

Nürnberg – Satirisches Handgepäck von Bernd Regenauer

Herausgeber: Christian Schultz

Covergestaltung: Karl Serwotka

Projektregie: Corinna Brauer

Lektorat: Peter Ritter

Karten: Judit Ladik

Karte »Suu läffd sis aa«: Roger Libesch

Cartoon »Beim Bäcker«: Gerd Bauer

Mundart-Liedzeilen in farbigen Kästen: Charly Fischer

Layout: promedia designbüro, Erlangen
ISBN 978-3-95654-408-8
© Copyright Michael Müller Verlag GmbH, Erlangen 2016
Alle Rechte vorbehalten. Alle Angaben ohne Gewähr.
Druck und Bindung: Livonia Print, Riga
1. Auflage 2016
www.michael-mueller-verlag.de